主 编◎韩 震

本卷执笔◎石 峰 付 平

美德照亮人生

好学 卷

河北出版传媒集团
河北少年儿童出版社

序　一

加强青少年思想道德教育工作

党的十七届六中全会通过的《中共中央关于深化文化体制改革、推动社会主义文化大发展大繁荣若干重大问题的决定》（以下简称《决定》）指出："全面加强学校德育体系建设，构建学校、家庭、社会紧密协作的教育网络，动员社会各方面共同做好青少年思想道德教育工作。"我们要深入学习贯彻《决定》精神，创造性地将青少年思想道德教育工作抓实抓好。

青少年是民族的希望、祖国的未来。青少年身心健康关系千家万户，涉及子孙后代，党和人民对青少年成长、成才寄予殷切期望。时代赋予青少年思想道德教育工作以光荣使命，我们要深刻认识这项工作的重要意义。

（一）加强青少年思想道德教育工作，是确保党和人民事业后继有人的战略需要

新中国成立以来，我们党从社会主义事业后继有人的战略高度

出发，始终重视青少年思想道德教育工作。毛泽东同志提出"使受教育者在德育、智育、体育几方面都得到发展，成为有社会主义觉悟的有文化的劳动者"，在教育方针中把德育摆在首位。进入改革开放新时期，邓小平同志反复强调培养有理想、有道德、有文化、有纪律的社会主义新人，在社会主义精神文明建设中对青少年德育提出了明确要求。以江泽民同志为核心的党的第三代中央领导集体继续坚持培养"四有"新人，将培养德智体美全面发展的社会主义建设者和接班人作为新时期教育方针的重要内容，突出了德育这一重要目标。

党的十六大以来，以胡锦涛同志为总书记的党中央就加强和改进未成年人思想道德建设和大学生思想政治教育作出了重要决策部署。党的十七大报告指出："要全面贯彻党的教育方针，坚持育人为本、德育为先，实施素质教育，提高教育现代化水平，培养德智体美全面发展的社会主义建设者和接班人，办好人民满意的教育。"《国家中长期教育改革和发展规划纲要(2010～2020年)》就坚持德育为先、能力为重、全面发展进行了重点部署。胡锦涛总书记强调，"德是做人的根本，只有树立崇高理想和远大志向，从小打牢思想道德基础，学习才有动力，前进才有方向，成才才有保障"，为青少年德育工作指明了方向。《决定》要求共同做好青少年思想道德教育工作，充分体现了我们党一以贯之的重要理念和优良传统，是对全党全社会承担立德树人重大任务提出的更高要求。

（二）加强青少年思想道德教育工作，是社会主义核心价值体系建设的一项基础性工程

社会主义核心价值体系是社会主义意识形态的本质体现，要确保党和国家长治久安，就必须持之以恒地建设社会主义核心价值体系，必须从娃娃开始全面提高素质、塑造高尚人格、筑牢思想道德

根基。青少年是祖国的未来、民族的希望。青少年的健康成长，直接关系到亿万家庭的和谐幸福，关系到民族复兴火炬代代相传。

从人的成长规律来看，青少年确立正确的世界观、人生观、价值观，培育爱国情感和中国特色社会主义理想信念，养成良好道德品质、文明行为习惯、遵纪守法意识，是一个通过教育逐步形成和发展的过程。

按照坚持把社会主义核心价值体系融入国民教育全过程的要求，我们必须根据不同教育阶段学生的身心特点、思想实际和理解接受能力，整体规划大中小学德育体系，积极拓展德育途径，有针对性地进行教育引导，努力促进青少年全面健康成长，为自觉践行社会主义核心价值体系打下坚实基础。

（三）加强青少年思想道德教育工作，是在新形势下抓住机遇、应对挑战的战略性任务

在党中央的正确领导下，各地区、各部门、各学校认真贯彻落实中央关于加强和改进未成年人思想道德建设的决策部署，紧紧围绕立德树人这一根本任务，抓住关键环节，创新途径方法，完善体制机制，扎实推进各项工作，青少年思想道德教育工作呈现良好发展态势，初步形成了党委统一领导、党政群齐抓共管、有关部门各负其责、全社会积极参与的格局和全员育人、全方位育人、全过程育人的生动局面。有关调研表明，当代青少年学生思想主流积极健康向上，坚决拥护党的领导，高度认同中国特色社会主义理论体系，高度肯定党成立九十年来带领人民所取得的辉煌成就。青少年学生的理想信念更加坚定，爱国热情持续高涨，社会责任感显著增强，道德素质和现代文明素质明显提升。

同时要看到，在深刻变化的国际国内形势下，青少年成长的社会环境更趋复杂，思想道德教育工作遇到不少新问题和新挑战。世

界范围内各种思想文化的交流、交融、交锋更加频繁，社会思想文化越来越多元、多样、多变，互联网、手机等新兴媒体的迅速发展，对青少年产生了越来越大的影响。我国改革发展中的矛盾问题也反映到青少年的头脑中，学生形成主流价值观受到一定干扰。学校德育工作的吸引力和感染力有待增强，未成年人家庭教育、农民工随迁子女和留守儿童、校内外教育衔接等方面还有不少薄弱环节。为此，我们要认真研究新形势下青少年思想道德教育工作的特点，加大学校德育体系及校内外教育网络的建设力度，动员全社会共同做好青少年德育工作。

韩震同志主编并由河北少年儿童出版社出版的《美德照亮人生》丛书（8卷本），根据青少年的身心发展规律和成长的实际，通过讲述古今中外许多人物的美德故事，力求实现对青少年读者的美德激励和思想启迪。希望这套道德教育读本对提升青少年的道德水平、道德品质和道德境界能够有所帮助。

中华人民共和国教育部部长　袁贵仁

序 二

让美德照亮人生

亲爱的青少年朋友们，你们好！

很高兴有这样一个机会与大家交流思想，畅谈生活，抒发理想，探索人生。与青少年在一起是愉快的，从中能够感受到生命的青春活力。

一

你们成长在新世纪，生活在中华民族快步走向复兴和繁荣强盛的伟大时代。你们目睹了国家经济的快速发展和综合国力的大幅提升，你们见证了神州大地社会财富的增长和人民群众生活水平的迅速提高，你们经历着社会发展和文明进步。我们古老而又年轻的祖国，就像你们一样焕发着蓬勃向上的青春活力。

你们是21世纪的新一代，就像一棵棵亭亭玉立的小树，生机勃勃，体现着强劲的生命力，预示着无限的可能性……

在改革开放的历史大潮中，中国特色社会主义的伟大实践使中国加快了建设民主、富强、文明、和谐的小康社会的进程，这使你们得以生活在相对安定和富足的年代。但是，我们不能忘记，无数革命先烈为民族的独立和人民的解放，前仆后继，英勇奋斗，献出了自己的青春和生命。我们也不能忘记，更多的前辈在贫穷落后的条件下，奋发图强，艰苦奋斗，为建设一个崭新的中国而忘我地工作。现在的和平环境和美好生活，就是先烈们用鲜血和生命换来的，也是你们的祖辈和父辈用他们的汗水浇灌而成的。

青少年朋友们，你们成长在改革开放、经济高速发展和社会转型时期，这使你们对未来有了更多的选择空间。新中国成立之前，中国处于半殖民地半封建社会，广大人民生活在水深火热之中；新中国成立之后，我们的国家百废待兴，你们的先辈们都曾经义无反顾地把自己的青春和人生交给党和国家安排，甘做整体社会的螺丝钉，拧在哪里就在哪里默默地发挥作用。现在，我们国家不仅成为制造业大国，而且正在以科技创新为驱动力进行产业转型。在这种情况下，职业越来越多样化，社会不仅需要螺丝钉，而且更加需要具有自主创新能力的人才。因此，与前辈相比，你们有更多的机会发挥自己的潜能，追寻自己的梦想。

青少年朋友们，斗转星移，风云际会。你们恰遇一个全球化、信息化和科技革命的时代，与你们的前辈相比，你们将有更大的活动和发展空间，将掌握更强大的生产力和创造能力，也将遭遇更多更加不可预料的挑战。你们中的许多人将会进入许多过去没有的工作领域，如高科技研究、信息产业、生命科学、空间技术、动漫创作……你们将在越来越广泛的领域展现自己的才华。

毛泽东说过："世界是你们的，也是我们的，但是归根结底是你们的。"你们的未来就是祖国的未来，你们的辉煌就是祖国的辉煌！有你们在，祖国就有希望！

二

青少年朋友们，作为一位年过半百、鬓已染霜的老朋友，我比你们年长几十岁，经历过更多岁月的风霜雨雪，品尝过更多生活的酸甜苦辣。但是，岁月的流逝并不是没有意义，它让我收获了生活的阅历和经验，增长了知识和才干，更积累了人生的体会和心得。我愿意在此把我的一些生活和工作的心得说出来，向你们倾吐我内心的话，更希望与你们共勉。

首先，对于每个人来说，美德是过有意义生活的基本要求。任何人都是社会的人，完全脱离社会而离群索居是不可能的。一方面，在社会比较之中我们才能区分好坏善恶，生活才有意义；另一方面，社会生活得以维持就要求人们的道德自律，因而美德是须臾不可缺少的。实际上，如果没有道德意识和道德自律，我们不仅无法和谐相处，而且也难以正常地生活、学习和工作。试想，如果在课堂上有同学不遵守纪律而大声喧哗，那么我们怎么能够安心听课或讨论呢？如果没有基本的诚信，同学们之间怎么能进行正常的交往从而获得真挚的友谊呢？如果没有互相的关心，我们怎么能够获得和谐而精彩的生活呢？在这个意义上，美德并不是对人的约束，而是给人幸福和欢乐。美德之光会照亮我们的人生道路，让我们越走越宽广。

其次，美德是美丽的，也是平凡的。美德并不只是存在于轰轰烈烈的事业中，或者只存在于雄才大略的英雄人物身上，美德同样存在于人们的日常生活中，存在于普通大众看似平凡的言行之中。从父母长辈对我们的悉心照料中，我们就可以感受到爱心的神圣；从同学们团结互助的行为中，我们也可以体会到德行的力量；当我们用自己的双手为辛苦工作的父母或老师递上一杯清水时，美德就在我们的心灵中萌芽扎根了。美德不能只停留在语言文字上，美德之美就存在于我们日常生活点点滴滴的道德行为之中，就存在于人们的亲力亲为上。美德之光就在我们的日常生活之中，这光让我们生活得充实幸福。

再次，美德是人生最有价值的一种资源，是我们的安身立命之本。人的价值在于奉献和创造。一个人对社会有多大贡献，就实现了多大的人生价值。在这个意义上，做一个道德高尚的人并不是"吃亏"。一个有道德的人愿意为国家、民族和人民的利益牺牲自己的利益，那么他的美德行为不仅能够促进他的人生发展，而且有利于实现他的人生价值。譬如，如果你诚实守信，那么你就会获得大家的信任，这样你做任何工作都将非常顺利；如果你自觉地保护环境过"低碳生活"，好的环境就是对你德行的回报；甚至当你为了国家、民族的利益献出自己的生命时，人民对你的纪念和赞美，也成就着你最高的人生价值。美德是一种力量，这力量促进人的发展。美德之光就是人生的价值之光，这光升华着我们的生命。

最后，美德的理想境界是永无止境的。青少年天天在成长，美德也需要随着主客观条件的变化而日臻完善和改进，让美德在我们身上不断发扬光大。你们生活在一个创新因而也就具有更多可能性的时代，更多的选择也就为你们进一步发扬光大美德提供了广阔的空间。一个人做一件符合美德的好事并不难，难的是一辈子做好事、做符合美德要求的事。所以，我们必须时刻加强道德修养，让心中的美德之花开得越来越灿烂、越来越美丽。我们必须立足于当下，着眼于未来，从点滴小事做起，胸怀天下大事，在生活和学习中不断提高遵循社会主义核心价值体系的自觉性。美德之光就是照向未来的光，这光指引着我们前行的道路。

三

编写这套丛书，目的是与青少年朋友们一起分享古今中外美德实践的光辉，让美德的光辉照亮我们成长的道路。丛书以故事的形式出现，既可以增强可读性、趣味性，同时也体现了美德价值的实践性。在每篇故事之中，我们穿插了一些栏目，目的是帮助读者认识问题的要义，激发读者的想象力，引导读者自己分析和判断，让每位读者创造性地塑造自己的美德生活。

一个有德行的人，处处都闪耀着美德的光辉。美德不仅照亮自己的生活，也让社会更加明朗。身体力行地做一个有道德的人，让美德之光与自己同在，这就是践行社会主义核心价值体系的要求和规范。

我们在丛书中所叙述的内容未必十分全面和生动，我希望青少年朋友们用自己的美德行为去充实和光大之。亲爱的青少年朋友们，我希望你们在生活与学习中践行更美的德行，让美德照亮自己的人生！

北京外国语大学校长　韩震

目 录

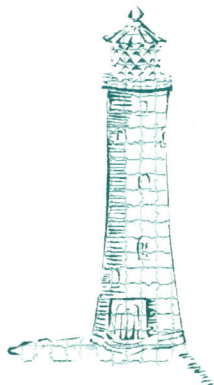

①

◎ 好学卷

❷

3

◎ 好学卷

美德照亮人生

孔子学琴

　　孔子闲暇之余，找著名琴师师襄学习弹奏七弦琴。师襄早就听说孔子是一位以聪敏智慧著称的知名人士，觉得在自己的调教下，用不了多长时间，就可以把自己所掌握的琴曲都传授给孔子，并期待着这位周游列国的学生能给自己在各诸侯国间带来更高的声誉。

　　果然，孔子很快就掌握了七弦琴调音和弹奏的基本技巧，学琴第一天，就能够弹奏一支完整的乐曲了。师襄为此非常高兴，就让孔子回去先把学会的曲子练熟。第二天，孔子没有再来找师襄学琴。师襄也不以为然，觉得孔子恐怕是有些应酬，一时抽不开身。但到了第三天、第四天，孔子仍然没有出现，师襄觉得心里有些空落落的，甚至自觉有点儿担心会失去孔子这样一个已很有名望的弟子。于是他悄悄走出自己的家门，到孔子借宿的人家附近打探。还离得很远，就听到孔子借宿的人家里传出抑扬顿挫的琴声，正是自己几天前传授给孔子的那支琴曲，但比起刚学会的时候已经弹得熟练多了。师襄感到心里踏实了不少，就转身回家了。

　　一晃儿，距离孔子第一天学琴已经过了十天时间，但孔子仍未再来找师襄学习新的曲子。师襄只得再次来到孔子的住所，仍是远远就听到孔子在弹奏他十天前学会的那支琴曲。师襄走进了孔子借宿的小院，就看到孔子正襟危坐在地上，面前摆着七弦琴，双手一手按弦，一手忽抹忽挑、忽拨忽揉……看到师襄走进来，琴声戛然而止。

"师襄先生，您怎么亲自来了？"孔子恭敬地问。

"哦，我只是随便走走，听到您的琴声，就忍不住走了进来。"师襄急忙答道。

"对了，听到您的琴曲，已经弹得不错了，我们还是尽快学习新的曲子吧！"师襄接着说。

孔子低下头，看了一眼摆在自己身前的七弦琴，沉吟了一下，说："师襄先生，我知道自己还只是学会了乐曲弹奏的最基本的方法，还没有掌握熟练的技巧呢！怎能再去学新的曲子呢？"师襄摇了摇头，走了。

几天后，师襄仍未等到孔子到来，再次按捺不住去找孔子。远远就听到琴声依旧，但乐句间的起承转合已经了无痕迹，已经弹奏得极为纯熟了。

"这回我们该学些新的曲子了吧！"师襄说。

"哦，师襄先生，"孔子看着师襄说，"我原本以为把这支曲子弹奏技巧掌握纯熟就可以了呢，但越弹奏越发现自己还未能领悟出这支乐曲中蕴含的思想情操啊。"

几天后，师襄再次循着琴声，来到孔子面前。

"您已经领悟了这支乐曲的思想情操了，我们是不是可以学支新的曲子了呢？"师襄用肯定的语气问孔子。

"是的，我是领悟出了这支乐曲的思想情操了。可同时，我似乎听到乐曲中有个人物形象在慢慢浮现出来，我是否应该看清这是

怎样一个人呢？"孔子轻擦着七弦琴的琴面说。

师襄只好再次悻悻地回去了。不知又过了几天，终于有一天，师襄等到了孔子。这次，孔子先是什么也没有说，只是静静地从背上解下七弦琴，正心诚意地弹奏起来。随着琴声，师襄忽然听出一种心情舒畅、登高望远的感觉……不知不觉中，琴声已渺渺远去了，面前只剩下孔子和他的琴。

孔子看着师襄，缓缓地说："我已经体会到了乐曲所歌颂的那个人了。他高高的个子，黑黑的脸膛，双目炯炯有神地望着远方，四面八方的诸侯国都真心地臣服他。这个人如果不是周文王，还能是谁呢？"

师襄一听，立刻离开自己坐的地方，惭愧地向孔子深深地施礼说："我还没来得及告诉您，我的老师曾经告诉我，这支曲子的名字就是《文王操》，正是歌颂周文王的曲子啊！"

格言

学然后知不足，教然后知困。知不足，然后能自反也；知困，然后能自勉也。

——孔 子

七弦琴　亦称古琴、瑶琴、玉琴，是在春秋时期就已盛行的乐器，到现在至少也有三千年以上的历史了。关于琴的创制者，有"昔伏羲做琴""神农做琴""舜做五弦之琴以歌南风"等说法。七弦琴是中国古代最古老的乐器之一，是中国最早的弹弦乐器，被称为"国乐之父"。其在古代文人心中被视为高雅的代表，琴音悠远，高山流水，流传至今。中国历代流传着不少有关古琴的美谈。西汉司马相如一曲《凤求凰》，赢得了卓文君的芳心，这是以古琴为媒的爱情故事。三国孔明以其过人的智慧，在空城危急之时，焚香操琴，成为后世戏曲中久唱不衰的经典故事。

005

好
学
卷

孟子勤学

　　孟子，名轲，是中国古代著名思想家、教育家，战国时期儒家代表人物。孟子并非天生的圣人，他的成功源于他的勤奋努力，特别是在小的时候，孟母给予了他很好的教育，使他成长为一代伟人。

　　孟子小的时候，住在一片墓地附近，经常能看到举行丧事的情景。开始的时候，孟母没有觉得有什么影响。一天，村里又在举行丧事，孟轲好奇地去看热闹。看到大家都在哄抢供果，孟轲也抢了几个。他兴冲冲地跑回家里，把供果给妈妈吃。孟母面色一沉，问东西是哪里来的。孟轲不敢撒谎，告诉母亲是从丧礼上抢来的。孟母又问他平常都玩什么，孟轲回答说："我们学着那些丧葬的人，有的抬死人，有的吹喇叭，可好玩了，可像了。"孟母看着孟轲天真的脸，叹了口气。当天，他们就搬家了。

　　这一次，他们搬到了一个集市附近。人来人往，非常热闹，孟轲可开心了，很快就和小伙伴们混熟了。一天，孟母发现孟轲正在用泥巴捏东西玩。她很好奇，这个孩子在做什么？她没有打断他，而是耐心地在旁边看。她看见孟轲把一团泥巴很快地捏成了一只小猪，然后举起小竹片，将小猪切成了几块，嘴里念念有词地开始叫卖。孟母心里一惊，这不就是邻居屠夫老张杀猪、卖猪的样子嘛！孩子这样下去怎么能专心读书呢？第二天，他们又搬家了。

这一次，他们搬到了一个学馆旁边。学馆经常往来的都是读书人，他们高雅的风度、从容的举止、优雅的气质，让孟轲非常羡慕。渐渐地，孟轲开始和伙伴们一起演练揖让进退的礼仪，虽然很是幼稚，但也让孟母非常开心。因为她知道，这次搬家为孟轲创造了一个良好的学习生活环境。

在良好的环境中，孟轲开始喜欢上了学习，他天天读书习字，让孟母非常欣慰。但是时间长了，孟轲又开始怀念以往自由自在的

格言

故天将降大任于斯人也，必先苦其心志，劳其筋骨，饿其体肤，空乏其身，行拂乱其所为，所以动心忍性，曾益其所不能。

——孟　子

日子，无论是在村里和小伙伴一起玩丧葬游戏，还是在集市上玩耍学叫卖，都比在学堂里读书有趣得多。孟轲耐不住寂寞，开始背着母亲逃学。

一天，孟母在屋里发现孟轲忘记带书去学堂，她生怕耽误孩子上学，连忙拿起书给孟轲送去。当她赶到学堂时，竟然发现孟轲不在，不知道到哪里玩耍去了，而且竟然已经连续好几天没有上学去了。孟母非常生气，一边往家里走，一边想如何教育孟轲。

玩了一天的孟轲回到家里时，发现他的母亲正在像往常一样织布，暗暗地松了口气。孟母抬起头问他："学习怎么样了？"

孟轲吐了吐舌头，有点儿不好意思，他知道一定是自己逃学的事情被母亲发现了："马马虎虎呗！"然后他又说，"我是玩了几天，过几天我再学也来得及呀！"

孟母看到他一副无所谓的样子，非常恼火，一下子就用剪刀把织好的布剪断了。

孟轲吓了一跳，他知道母亲织布非常辛苦，经常织到很晚才休息。这一剪断，布就没法卖了，母亲还要重新织。他着急地说："妈妈，您这是怎么啦？织布多不容易呀！"

孟母说："你荒废学业，如同我剪断这布一样。有德行的人学习是为了树立名声，增长才能，增长知识。所以平时能安宁，做起事来就可以避免祸患。现在荒废了学业，就不免于做受苦的劳役，而且难以避免祸患。我半途而废，难道可以让你长期有衣服穿、有粮食吃？如果女人荒废了自己的劳作，男人放松了自己的修养和德行，那么一家人就要吃苦受累，没有希望了。"

孟轲听了母亲的一番话，看着母亲劳累的样子、严肃的面容，再看看母亲辛辛苦苦织了好几天的布匹断落在地上，一下子就醒悟了。自此，他从早到晚勤奋学习，终于成了天下有大学问的人。他著有《孟子》一书，继承并发扬了孔子的思想，成为仅次于孔子的一代儒家宗师，有"亚圣"之称，与孔子合称为"孔孟"。

知识链接

《孟子》 是孟子的言论汇编，由孟子及其弟子共同编写而成，记录了孟子的言论、政治观点（仁政、王霸之辨、民本、民贵君轻）和政治行动，属儒家经典著作。其学说出发点为性善论，提出"仁政""王道"，主张德治。南宋时朱熹将《孟子》与《论语》《大学》《中庸》合在一起称"四书"。《孟子》在"四书"中篇幅最大、分量最重的一本，有三万五千多字。直到清末，"四书"一直是科举的必考内容。

好学卷

上善若君子
厚载物
德
水

师旷论学

师旷是春秋晚期晋国著名的政治家、教育家、思想家、音乐家。师旷是盲人，经常自称"暝臣""盲臣"，大约生活在春秋末年晋悼公、晋平公执政时期。他由于艺术造诣高，且才学出众，先是在晋国的宫廷担任主乐大师，继而赢得晋悼公、晋平公的信任，一直做到晋国的太宰，有大量颇有建树的言论散见在史籍中。

相传师旷原本并非盲人。他自幼酷爱音乐，聪敏过人，对琴音鼓瑟有着天生的灵感。在音乐方面，只要听说谁弹琴弹得好，他就会跑去找人家比赛，经常大胜而回。直到有一天，他遇上了卫国的宫廷乐师高扬，无论他怎样倾注全部心力，也远远无法比上高扬的演奏水准，更别提超越人家了。比到最后，师旷心悦诚服地拜高扬为师，决心一定要学到高扬演奏的精髓。但用尽自己的聪明才智，师旷发现同样演奏一支曲子，高扬每次仍是把自己远远抛在后面，想学会每个音符的抑扬顿挫都很困难，经常是记住了前面的，又忘记了后面的。情急之下，他感到自己听到老师的弹奏，就会忍不住追着看老师的指法，始终无法专注地把老师的弹奏从头到尾听个仔

细。临到自己试演时，因为不能触及老师琴音中的主旨，弹奏起来不但平庸而且凌乱。望着老师从容不迫地抚琴弹奏，师旷觉得眼睛看到的东西使他无法专心地做一件事。为了使自己的心清净下来，专心用耳听琴，他竟然做了一个近似疯狂的举动，用艾草熏瞎了自己的双眼。双目失明后，师旷确实感到耳朵的功能有了极大的提高，很多从前无法听清记住的声音和旋律，包括风雨声、鸟鸣兽语等各种自然界的声音，都因为自己专心致志的谛听，而能够分辨、捕捉并弹奏出来了。经过发愤苦练，师旷终于青出于蓝而胜于蓝，琴艺逐渐超过了老师高扬。尤为难能可贵的是，师旷对自己所喜爱的音乐始终心存敬畏，认为音乐可以传播德行。当他听到卫国乐师师涓演奏的新曲，充满殷商末年奢华淫靡的欲望，就当着晋平公的面指出，这样的曲子丧失了音乐平和中正的本质，是"靡靡之音""亡国之音"。

晋平公非常喜爱师旷这个睿智而正直的音乐大师。一次听完师

格言

击石乃有火，不击元无烟。
人学始知道，不学非自然。

——孟 郊

旷的演奏后，他在赞叹师旷琴艺高超的同时忍不住对师旷说："您的学识和琴艺都非常高超，让我十分喜爱和钦佩。我如果能像您一样博学智慧又多才多艺该有多好啊！只可惜我已经七十岁了，即使想学，恐怕也太晚了。"

师旷顺着平公的话说道："晚了，为什么不点上一支烛火呢？"

平公假装恼怒地说："哪里有做臣子的，像您这样戏弄他的君王呢？"

师旷正色道："双目失明的我怎么敢戏弄主公您呢？我只是听说，少年的时候开始喜好学习，人生就会像初升的太阳一样光芒灿烂；中年的时候开始喜好学习，人生仍会像正午的太阳一样明媚强烈；晚年的时候开始喜好学习，人生就像点着烛火照明。但点着烛火照亮和摸着黑走路，这二者究竟哪个更好呢？"

平公不禁鼓掌赞叹道："您讲得实在是太好了！原来什么时候学习都不晚哪，任何时候都应该抓紧学习才对啊。"

《阳春白雪》 中国十大古曲之一，古琴十大名曲之一，相传是春秋时期晋国的乐师师旷或齐国的刘涓子所作。现存琴谱中的《阳春》和《白雪》是两首器乐曲，《神奇秘谱》中说："《阳春》取万物知春，和风淡荡之意；《白雪》取凛然清洁，雪竹琳琅之音。"《阳春白雪》表现的是冬去春来，大地复苏，万物欣欣向荣的初春美景。旋律清新流畅，节奏轻松明快。《阳春白雪》是由民间器乐曲牌仪《八板》（或《六板》）的多个变体组成的琵琶套曲。"八板头"变体的循环再现，各个《八板》变体组合在一起形成变奏的关系，后又插入了《百鸟朝凤》的新素材，因而呈现出具有循环因素的变奏体结构。现在"阳春白雪"一词多用来比喻高雅的、非通俗的文学艺术。

境界因学乃大

近代大学问家王国维曾经说过，诗有境界就是好诗。人的精神境界也需要不断提升，境界高了，才是脱离了低级趣味的人，才是人格高尚的人，才是精神世界丰富的人。境界的提升没有捷径可走，唯有通过学习。

学习首先需要立定志向，志向不定，就像大海中航行的船失去了方向，无法到达理想的彼岸。一个人知道了应当到达的目标和境界，然后决心意志才能坚定；有了定力，心里才能安静下来；心中安静，才能随遇而安；能够随遇而安，才能思虑精当周详。常人缺乏追求较高目标的明确认识，往往见异思迁，心思混乱无主。今日见人富贵，即羡慕不已，寻思如何发财；明日见人出名，又想自己怎么才能成名。这样的人烦恼丛生，定力自然薄弱。没有定力的人，心思受外界影响巨大，像墙头的草，不可能真正安静下来，又怎能专心考虑问题，做出恰当的决断呢。

战国时期有位战略家、外交家叫苏秦，他根据当时的形势，提出南北纵向联合赵国、燕国、楚国、齐国、韩国、魏国，共同对付当时强大的秦国，让秦国十五年不敢向东侵犯六国。这种卓越的战略眼光和才能，不是苏秦生来就具备的，而是后天学习的结果。

苏秦少年时就有志向，希望做出一番轰轰烈烈的事业。他追随隐居在深山中的鬼谷子学习谋略，因为年少心急，还没有学成就急于出山建功立业。他去求见日薄西山的东周天子，但是找不到推荐的人，徘徊数月，进不了门，一怒之下便周游列国。他东奔西跑了好几年，带的钱花光了，身无分文，衣服破烂，走投无路，只好又回到了家里。家里人看到他衣衫破烂，面容憔悴，一副倒霉的样子，都不理他。他肚子饿得咕咕叫，父母也不给他做饭；他妻子坐在织机上继续忙活，就好像没有看见他一样；他求嫂子给他做饭吃，嫂子不理他扭身走开了。苏秦大受刺激，心想一定要争口气。他认为自己之所以如此落魄，是因为书没有读好，于是把以前读过的书重新翻出来。他夜以继日地读书、思考，细心钻研，有时候半夜里又累又困，他就用锥子扎自己的大腿，血流满地，疼痛钻心，瞌睡全跑了，他就接着读下去。

格言

莫等闲，白了少年头，空悲切。

——岳　飞

功夫不负有心人。直到有一天他觉得豁然开朗，所有掌握的知识融会贯通，看待问题的角度和深度大不相同了，观天下形势仿佛像看自己的手掌一样清楚。他认为这次自己真的有把握了，就再次离家游说诸侯。苏秦凭着自己对形势的准确把握，来到了赵国，经过一番游说，赵王对他刮目相看，立即封他为丞相。苏秦带着赵国的相印，北上燕国，南下楚国、魏国、韩国，东向齐国，经过一年的奔波，根据各国形势，分析合纵的好处，大受赏识，分别获封其他五国的丞相。至此，他获得了秦国之外的六个国家的支持，身披六国的相印，被推为"纵约长"——相当于六国联合机构的秘书长，在相当长的一个时期内保持了和平，减少了战乱，算得上是一代豪杰。他前期读书，学而不思，照搬书本，所以没人用他；后来他既学又思，境界得到升华，终于悟到了真本领。

苏秦是勤奋好学的典型，反过来，如果空有天资而不努力学习的话，就不可能有所成就。宋朝就有这样一个人。

这个人就是神童方仲永。他家世代都是农民，仲永出生后，因为家贫，父母又是文盲，他没有上学识字。可是五岁时的一天，他突然哭着要纸笔，父亲感到奇怪，就到村里秀才家借来纸笔。仲永立即写了四句诗，并题上自己的名字。他父亲惊讶万分，也不知写的什么，但是看起来像是诗的模样，以为家里有文曲星下凡了，急忙把诗拿给乡里的秀才去看，大家都很惊异诗写得好。仲永一夜成名。从此，好奇的人很多，不断有人给他出题目，请他写诗；无论给他定什么题目，仲永提笔就能写出很好的诗来。这事越传越神，全县方圆数十里的人都想一睹仲永的风采，有钱人家纷纷请他父子去做客，有的人还花钱求仲永在扇子上题诗。他的父亲从未受人如此礼遇，陶醉之余，认为有利可图，就每天拉着仲永四处赚钱，没有想到让他进学堂去学习。就这样过了十来年，由于他的才华没有得到学习的滋养，慢慢枯萎，最后和普通人没有什么两样了。宋代大文学家王安石还专门写了一篇题为《伤仲永》的文章。文章评论说，仲永的天资比一般人高得多，他最终成为一个平凡的人，是因为没有受到良好的教育。像他那样天生聪明，如此有才智的人，没有很好的知识滋养，尚且都成了平凡的人；那么，那些不是天生聪明，本来就平凡的人，如果不好好学习，恐怕做一个平常的人都不能够吧！

仲永的悲剧在于他父亲的境界太低，如能有些见识，为仲永提供一个良好的学知识的环境，仲永的前途则不可限量。

知识链接

合纵连横　简称纵横，是战国时期纵横家所宣扬并推行的外交和军事政策。苏秦是合纵的代表人物，张仪是连横的代表人物。合纵符合从北到南燕、赵、韩、魏、齐、楚六国的利益，连横则使秦国得利。纵横家重视依靠外交和谋略谋取国家利益。后来合纵因为苏秦的死而失败；张仪在秦国推行连横策略获得巨大成功，不断蚕食六国，为后来秦国强大，秦始皇统一六国奠定了坚实的基础。

从数星星的孩子到天文学家

张衡是中国东汉时期伟大的天文学家、数学家、发明家、地理学家、制图学家、文学家，为中国天文学、机械技术、地震学的发展做出了不可磨灭的贡献。

张衡从小就喜欢观察大自然，喜欢思考问题，看到花草树木、太阳星星，就追着大人不停地问这问那。

一个夏天的夜晚，大家在河边乘凉。小朋友们三三两两，有的在捉迷藏，有的在河边戏水，有的在互相追逐。大人们一边扇着扇子，一边聊着家常。张衡一动不动地托着腮帮子，仰着头，看着夏夜的星空，嘴里喃喃地数着什么。一位小朋友跑过来说："张衡，咱们一起捉迷藏吧！"张衡没有说话，只是摇摇头。另一位小朋友过来拉他的胳膊："张衡，河里面的小蝌蚪可好玩啦！咱们一起捞蝌蚪吧！"张衡口里念念有词，甩开了小朋友的手。一位性急的小朋友用手捂住了张衡的眼睛，大声嚷道："张衡，你在看什么？不让你看，咱们一起玩。"张衡连忙挣脱了小朋友的手，大声说："我要数星星！我要数星星！""数星星干什么呀？"小朋友们很奇怪。

张衡说："我想知道天上到底有多少星星呀！"小朋友们觉得很无趣，不再给他捣乱，跑远了。张衡叹了口气，又要从头数了。

一位老伯伯听见了他们的对话，笑着说："张衡，你真的在数星星吗？"

张衡点点头说："是呀，我都数到七百九十八颗啦。可惜，又要从头数了。"

老伯伯说："天上的星星很多，你数不过来的。"

张衡歪着小脑袋，指着夜空说："不会呀！我先把这一片天上的星星数清楚，然后再数那一片，那一片，肯定能够数清楚。"

看着张衡执著的样子，老伯伯摇了摇头："真是一个傻孩子，不会是读书读得痴了吧！你慢慢数吧，数清楚了告诉我。"

张衡坐在河边，继续慢慢地数着："一，二，三……一百……二百……三百，三百零一……"

夜色渐渐地深了，乘凉的人陆续散去了。只剩下张衡一个人，还在专心地数星星。风有些凉了，张衡的脖子仰得有些酸痛，可是他舍不得走，因为他已经数了一千多颗星星了，他希望今晚能够将这一小片天空上的星星数清楚。

张衡的父母在家里等得有些着急，张衡到哪里玩耍去了，怎么还没有回家？问了邻家的小朋友，才知道他在河边数星星呢。

张衡的父母一起到河边找他，发现张衡正在河边独自哭泣。他的妈妈很着急："张衡，怎么啦？为什么哭呢？"张衡一边抽泣，一边说："本来我都快数完那片天空的星星啦，谁想到飘来了一片云彩，把星星都挡住了，我没法数了。呜呜……"

他的母亲说："好孩子，别哭了。数星星也不能傻乎乎地数呀，你看天上的星星是不是很有规律，它们不是随便排列的呀！你看那边，有七颗星连起来像一把勺子，叫北斗星。勺口对着的一颗亮星，就是北极星。你只有掌握了方法，才能把星星数清楚。"

张衡不再哭泣，抬起头，果然看见了天上的北斗星，他扭过头问母亲："那个勺口对着的一颗亮星是什么星星？特别亮呢！"

母亲抚摩着他的头说："那就是北极星。北斗星总是绕着北极星转。"

张衡的父亲说："天上星星的分布是有规律的，你要先看书，了解它们的规律。然后再自己数，才能把它们数清楚。"

张衡高兴地点点头。后来，他按照父母说的去做，果然认识了很多星星。长大以后，张衡观测记录了两千五百颗恒星，创制了世界上第一架能比较准确地演示天象的漏水转浑天仪，第一架测试地震的仪器——候风地动仪，还制造出了指南车、自动记里鼓车、飞行数里的木鸟等。由于他的贡献突出，联合国天文组织将太阳系中的 1802 号小行星命名为"张衡星"。

格言

君子不隐其短，不知则问，不能则学。

——董仲舒

浑天仪 是浑仪和浑象的总称。浑仪是测量天体球面坐标的一种仪器，而浑象是古代用来演示天象的仪表，是由中国东汉天文学家张衡所制。西方的浑天仪最早由埃拉托色尼于公元前255年发明。葡萄牙国旗上画有浑仪，自马努埃一世起，浑天仪成为该国的象征。

好学卷

书读百遍　其义自见

　　东汉有个人叫董遇，从小家中贫寒。为了生活，他每天都要跟哥哥一起上山砍柴。

　　有一天，董遇砍柴回来经过村里的学堂，听见里面传来了琅琅的读书声。董遇放下柴火，悄悄地走进学堂，伏下身子蹲在窗下，偷偷地听先生讲课，不知不觉过了很长时间。当学堂下课的喧闹声响起的时候，他才猛然起身赶快退了出来，背起柴火回到了家里。

　　董遇一直想着心事，吃饭的时候也无精打采。他知道，家里没有钱让他去读书。突然，他眼前一亮："我可以想其他办法呀！"

　　从此以后，董遇天不亮就出门。当天边刚刚泛起一缕鱼肚白，他就趁着天光开始砍柴。砍完柴以后，他就赶到学堂站在窗外偷偷地听先生讲课。日复一日，董遇学了很多字，也能背诵一些经典篇目了。其实，先生早就发现在窗外偷听的董遇了，但是他并没有说出来。一是先生觉得董遇是一个爱读书的好孩子，所以愿意给董遇"听课"的机会；二是先生也想看看，董遇是不是一个持之以恒、坚持学习的人。

一天，外面下起了大雨。先生想，今天外面风雨交加，好几个学生都没有来上课，董遇自然更不会来了。先生开始慢条斯理地讲课。外面雷声阵阵，雨越下越大，雨水顺着打开的窗子往屋里飘落。先生连忙去关窗子，这时他看见窗外站着董遇，虽然戴着斗笠，但是浑身上下都已经让雨水淋湿了。董遇看见先生，吃了一惊："先生，您怎么不往下讲了？"先生被这个坚持不懈的孩子打动了，可他没有办法让董遇走进学堂。于是，他立刻拉着董遇来到了自己的卧室，为董遇换上了干衣服，还送给了他几本书："好孩子，你先自己读，有不懂的地方来问我。"董遇高兴极了。

拿着先生送的书，董遇好像得到了宝贝，一有空就坐下来读。过了几天，先生发现董遇还是天天来学堂偷偷听课，却没有询问过有关书里面的问题。先生有些疑惑，是董遇没有读那几本书吗？先生想，有机会一定要问问他。

格言

谓学不暇者，有暇亦不能学。

——刘 安

傍晚，先生在村里散步，发现在村口的草垛边有一个熟悉的身影正倚靠而坐，原来正是董遇。于是先生走了过去，轻轻咳嗽了一声，董遇没有反应。他走近一看，董遇正在专心地读书呢。

先生轻声问："董遇，书读得怎样了？"

董遇连忙抬头，发现是先生，立刻起身鞠躬，行了一个大礼，恭恭敬敬地回答道："先生，我正在看。"

先生捻着胡须，问："有什么问题吗？"

董遇说："这本书我读了三十七遍，依然有很多地方没有办法看懂。"

先生非常惊讶："三十七遍？你为什么读这么多遍？"

董遇说："书读百遍，其义自见。读完百遍以后，如果还有问题，我再去问先生。"

先生极为称赞："你将来一定会有很大的成就。"

026

功夫不负有心人。董遇没有上过学堂，日后却成为了一个知识渊博的人。当有人问他："每天都在劳动，你怎么会有时间读书呢？"董遇回答："学习要利用'三余'时间，就是三种空余时间：冬天是一年之余，晚上是一天之余，雨天是平日之余。"人们听了恍然大悟，原来不是没有学习的时间，只是因为懒惰，才会错失宝贵的学习时光。

　　董遇　字季直，汉末三国时期魏国著名儒宗。他性格质朴，不善言辞，但十分勤奋好学。汉献帝兴平年间，关中李榷等人作乱，董遇和他哥哥董季中便去投靠朋友将军段煨，兄弟二人靠打柴、捡拾野稻子维持生计。每次出去打柴，董遇总是随身带着儒家的书籍，一有空闲就拿出来学习、诵读。他哥哥常常嘲笑，但他始终坚持不懈。董遇对《老子》很有研究，为《老子》作了注释；对《春秋左氏传》也有很深的见解，根据自己的研究心得写成《朱墨别异》一书。董遇实践中总结出的"书读百遍，其义自见"学习方法，作为勤奋治学的典范，被后世广为传颂。

027

好学
卷

不再是吴下阿蒙

中国三国时期堪称是人才济济、英雄辈出的年代。当时东吴的统治者孙权更是以善于用人、培养人著称。他不仅自己勤奋学习，还鞭策和鼓励自己的下属将领抓紧时间读书学习。

一天，孙权对即将到当涂掌事的大将吕蒙和蒋钦说："你们现在除了要像从前一样带好兵、打好仗外，还要注意处理好当涂地方的各项事务，因此，更应该多读些书，通过不断学习来提高自己治理政务的本领。"

吕蒙一向以不读书为荣，认为在征战频繁的年代，只要武艺出众、品格坚毅就足够了。听到孙权这样说，他自恃曾立过很多战功，就有些不高兴地答道："我在军营里没有读书，就已经感到日日苦于军务的繁忙了。这次还要处理地方政务，恐怕没有时间容我再读更多的书了。"

孙权仿佛看透了吕蒙的心思，微笑着说："我怎么会是想让吕将军去攻读《论语》《孟子》等儒家经典、钻研学问呢？我的本意，仅仅是想让二位将军多涉猎一些历史掌故，多明白一些治国打仗的道理罢了。相比较而言，将军只是带一支军队、管理一小块地方而已。说起繁忙，又有谁会比我治理整个东吴更为繁忙呢？我小时候就读过《诗》《书》《礼记》《左传》《国语》，唯一没有来得及读的书就是《周易》。统治整个东吴以来，我更是有针对性地攻读和研究了各类历史和军事典籍，自以为在读这些书的过程中有了非常大的收获。像二位将军，性格直率、天资聪颖，什么东西一学就会。但难道这样就可以不再学习了吗？相反，你们应该尽快读《孙子》《六

格言

少而好学，如日出之阳；壮而好学，如日中之光；老而好学，如炳烛之明。

——《说苑》

韬》《左传》《国语》及《史记》《汉书》等著作。孔子曾说，整天不吃饭、整夜不睡觉进行思考，仍不会有进益，不如去学习吧（终日不食，终夜不寝以思，无益，不如学也）。东汉光武帝刘秀在军营中调兵遣将、军务繁忙，但手中从不放下书籍。占据北方的曹操也自称虽然年龄老迈，但仍爱好学习。你们为什么就不能利用时间学习呢？"

吕蒙听到孙权把自己和他本人、前朝开国皇帝、当今权势最大的曹操相比较，深感惶恐。同时也感到自己贸然顶撞孙权，辜负了孙权苦心劝学的一番美意。于是，他赶忙谢罪退下了。但从这天开始，吕蒙破天荒地开始读书学习了，而且专心致志、孜孜不倦。随着读的书日益增多，阅读的范围和思维的进境，就连世代读书的儒生也比不上他了。

后来鲁肃代替周瑜做了吕蒙的上级。在与吕蒙交谈时，鲁肃经常感到自己的思路比不上吕蒙缜密清晰。一次，鲁肃亲密地轻拍着吕蒙的后背说："我以前一直认为兄弟你只是武功盖世而已，但时至今日才发现，兄弟学识卓越广博，不再是当年吴下的那个愣小子阿蒙了。"

吕蒙听了，打趣道："人分别了三天，就应该重新看待他了（士别三日，当刮目相待）。大哥今天的说法，都能比上秦国洞察秋毫的智者魏冉了。"

孙权听到这件事，不禁感慨道："一个人已经功成名就、富贵显荣了，依然能放低身段刻苦学习，花费大量时间痴迷于典籍传记中，不重视钱财而崇尚品德，这样的行为是可以作为榜样的，这样的人才是国家的栋梁之材啊！"

　　《三国志》　是西晋陈寿编写的一部主要记载魏、蜀、吴三国鼎立时期的纪传体国别史，详细记载了从魏文帝黄初元年（220年）到晋武帝太康元年（280年）六十年的历史，受到后人推崇。《三国志》全书共六十五卷，其中《魏书》三十卷，《蜀书》十五卷，《吴书》二十卷。魏志有本纪、列传，蜀、吴二志只有列传。陈寿是晋朝朝臣，晋承魏而得天下，所以《三国志》尊魏为正统。《三国志》为曹操、曹丕、曹睿分别写了武帝纪、文帝纪、明帝纪，而《蜀书》则记刘备、刘禅为先主传、后主传。记孙权称吴主传，记孙亮、孙休、孙皓为三嗣主传。均只有传，没有纪。《三国志》位列中国古代二十四史记载时间顺序第四位，与《史记》（司马迁）、《汉书》（班固）、《后汉书》（范晔、司马彪）并称前四史。

浪子回头金不换

　　古往今来凡是成就大事业的人,都是心中有坚定的信念和目标,矢志不移,不随波逐流,内心安定,考虑问题严密细致,通过不懈努力,最终达到了辉煌的顶点。

　　中国历史上著名的三国时期,虽然战乱不断,却是一个人才辈出的时代。周处就是其中的一位。周处是吴国人,他小的时候因为父母太溺爱了,惯出了许多坏毛病:做事任性,不顾是非,不喜欢读书,整日在乡间游荡。随着年龄的增长,他进入社会后专门结交当地的地痞流氓,打架斗殴,无恶不作,变得比以前更加败坏。任凭父母、亲朋好友苦口婆心怎么规劝,都无法让他迷途知返。日子久了,父母看他不可救药,只好死了心,只当没有生这个儿子。尽管行为放荡,但周处自我感觉还不错,并不清楚邻里百姓怎样看待他的为人处事。

　　有一天,他闲来无事在村中游荡,和一位老人聊起天,说起当时村边大河里有一条大蛟龙时常出没,撞翻渔船,吞噬捕鱼或者游泳的人。由于当时工具简陋,人们拿它没有办法,虽然也用过烧香拜神、巫师镇妖等手段，却丝毫不见效果。后来又聊到附近山上的白额猛虎，神出鬼没，袭击远近村民、牲畜，已经伤亡不少人，损失了大量财物。临近村庄组织过几次围捕，但猛虎不是狡猾地逃脱，就是伤人突围而去，方圆几十里的人无不谈虎色变。周处就问，还有没有别的祸害。老人直言相告说还有一个。周处忙问是谁，老人指着他的鼻子说："就是你。水中的蛟龙、山中的猛虎和你，是我们这里公认的三大害，而且这三害之中，你的祸害最大。"周处听后大吃一惊，没有想到自己在人们心目中是这般形象。老人看他吃惊的表情，就趁机撺掇他为民除害，周处自认为很神勇，胆力惊人，欣然答应。

周处准备妥当后，孤身进山，几日后杀了猛虎。他稍事休整，又下河去杀蛟龙。周处与蛟龙在水里缠斗了几十里远，时沉时浮，远近村民闻讯前来，看得惊心动魄。渐渐地不见了蛟龙，也没有了周处的踪影。接连经过了三天三夜，仍然不见周处出来，蛟龙也没有了踪迹。当地的百姓都认为周处和蛟龙双双毙命，于是远近村民

格言

若有恒，何必三更眠五更起；

最无益，莫过一日曝十日寒。

——胡居仁

互相庆贺，摆酒设宴，庆祝三害全部消灭。不料，正当大家酒酣耳热、兴高采烈之际，周处突然回到了村子。当他弄明白大家之所以如此高兴，是在庆贺他这个祸害也死去了的时候，猛然惊醒，翻然悔悟，从此一改往日恶习，弃恶从善。

他去找当时著名的文士陆机和陆云，把自己的全部情况告诉了他们，表达了自己渴望学习、提高修养的愿望；只是担心自己年龄已经大了，不再是小孩子，害怕自己再来学习是不是太晚了。陆云语重心长地告诉他：自古以来人们都重视道义，孔子说哪怕早晨明白了大道理，晚上死了也值得。人就怕不立志，不必担心没有成就。听了陆云的劝告，周处从此发愤读书，成了一名学问渊博、人格高尚、顶天立地的男子汉。

后来，吴国被晋国灭亡，周处因为在吴国有好名声，被请到晋国去做官。在朝廷里，周处以耿直、能干著名。他不畏权贵，一心为百姓做好事，为了人民的利益，甚至连太子都敢得罪，满朝文武官员对他很是敬畏。

人就怕不立志，不必担心没有成就。

陆机、陆云　两人是亲兄弟。二人出身名门，其外曾祖父是吴国孙权的哥哥孙策，祖父陆逊为三国名将，曾经打败为张飞报仇的刘备，致使刘备死在白帝城。父亲陆抗也是吴国名将，与魏国大将羊祜棋逢对手，因为有他把守边疆，魏国难以进犯吴国。陆抗死后不久，吴国就灭亡了。陆机、陆云隐退家乡十年，才重出江湖，来到洛阳。当时任太常的著名学者张华称赞他俩说，晋国灭了吴国，获得了两位难得的俊才。陆机、陆云因此名气大振。陆机曾被成都王司马颖推荐为平原内史，因为这一官职，所以人们通常也称他为"陆平原"。后来司马颖在讨伐长沙王司马乂的时候，任用陆机为后将军，陆机大败。有人向司马颖进谗言，陆机遂为司马颖所杀，年仅四十三岁，陆云随后也遇害。陆机著有诗文三百余篇，其中《文赋》是中国第一篇系统的文艺理论著作，对后世影响很大。

闻鸡起舞

祖逖是东晋初年致力于北伐恢复中原的著名将领。他和西晋名将、中山魏昌（今河北无极）的刘琨是从小就非常要好的朋友。

在祖逖和刘琨年轻的时候，二人曾一起担任司州主簿。两人自幼相熟，形影不离，常常同床而卧，抵足而眠；彼此间感情深厚、志同道合，都胸怀着建功立业、报效国家、拯救黎民于水火的远大理想。祖逖由于少年时好动，所以不爱读书，年长些后，深感自己才学不足。为了增长才干，在刘琨的带动下，每天干完活后，二人都一起读书到深夜。

一个寒冷的冬夜，二人读完书脱衣躺下，像往常一样慷慨激昂、满怀义愤地谈论时局的动荡，探讨该如何解百姓倒悬之苦、化解国家内斗不休、外辱方殷的困境。

祖逖说："晋朝今天面临的变乱局面，主要原因并不是君主无道而使臣下怨恨叛乱，而是皇亲宗室之间争夺权力、自相残杀，这样就使戎狄这些异族人钻了空子，兵连祸结，使中原地区的百姓遭受荼毒。在这种情况下，广大百姓始终是希望过上安定生活的，顺应民心，就必然能取得成功！"

话音未落，忽然听到一只公鸡莫名其妙地在这漆黑静谧的半夜里打起了鸣。

刘琨不无感慨地说："这世道太乱了，就连公鸡都已经分不清白天和黑夜，竟然在深更半夜打起了鸣。难道公鸡都像我们一样为国家民族的前途焦躁得难以入眠吗？公鸡半夜啼鸣恐怕是个很不吉利的兆头呢。"

祖逖半晌没有吭声，刘琨还以为他睡着了。祖逖却突然霍地披衣而起，轻踢了刘琨一下，并对他说："公鸡夜鸣，我觉得并非什么不祥之兆。相反，这是在提醒我们时间宝贵，需要夜以继日。照我们现在这样白天干活、晚间读书，生逢这种战事频繁的乱世，又能有什么作为呢？我想这公鸡恐怕是在提醒我们，不仅要习文，还要练武啊！咱们干脆以后听见鸡叫就起床练剑如何？"

刘琨觉得祖逖说得很有道理，也赶忙披衣而起，跟随祖逖来到屋外。二人拔剑相

向，在星月的寒光里你来我往，你劈我架，我削你挡，苦练攻防……寒冷的空气里回旋着双剑挥舞的光影，激荡着双剑相交的铿锵。

自此以后，两人每天一听到鸡叫就起床练剑，冬去春来，寒来暑往，从不间断。最为绝妙的是，夜间开始练剑后，二人白天干活和读书时并没有因此感到困倦，而是感到自己更为健壮敏捷、神采奕奕了。经过长期的刻苦读书和锻炼，二人成为了既能写一手好文章、又能带兵冲锋陷阵的文武全才。

后来，西晋在遭受八王之乱、永嘉之乱后，终于招致神州陆沉、北方沦陷。祖逖被封为奋威将军、豫州刺史，率军北伐。刘琨做了征北中郎将，兼管并、冀、幽三州的军事，坚守并州，成为当时北方仅存的仍由汉族人控制的地区。二人都充分发挥了自己的文才武略。后人把他们夜里起来练剑的故事称为闻鸡起舞，用来比喻有志报国的人勤奋苦练，自强不息。

格言

非学无以广才，非志无以成学。

——诸葛亮

中流击楫　晋元帝司马睿迁都建康的时候，祖逖在北府京口召集了一批壮士，日夜操练，准备北上抗敌。他给晋元帝上了一份奏折，期望北上。晋元帝见到奏折，迫于无奈，任命祖逖为奋威将军，但只拨给少量给养，让祖逖在当地招兵买马、打造兵器，自行北征之事。祖逖在一切准备停当后，带领部下千余人渡江北上。他们的战船驶离南岸，来到波涛滚滚的大江中流，上下将士回望南土，心中像滔滔江水一般翻腾。祖逖神情庄重地站立船头，手敲船桨（中流击楫），向众人发誓说："祖逖此去，若不能平定中原，驱逐敌寇，则如这滔滔江水，一去不返！"祖逖的铮铮誓言极大地鼓舞了船上的勇士。他们紧握刀枪，纷纷表示要同仇敌忾，杀敌报国。中流击楫后来比喻立志奋发图强。毛泽东在《沁园春·长沙》中化用此典故，写下了"曾记否，到中流击水，浪遏飞舟"的名句。

王羲之吃墨

　　王羲之是东晋著名的书法家，很多人认为他是天生的"书圣"，是书法天才。其实他从小时候练字就非常刻苦。据说他练字用坏的毛笔，可以堆成小山，被称为"笔山"；他用来洗毛笔和砚台的水池，天长日久被染黑了，被称为"墨池"。即使长大以后，书法已经名扬天下，他依然保持着苦练书法的习惯。

　　有一天，他在书房里看着自己刚刚写好的书法，洁白的纸上，飞舞的墨迹。左看看、右看看，总觉得什么地方让自己不满意。到底是哪里呢？他皱起了眉头。想着想着，他突然想到前几天自己的老师卫夫人的话："你的字太过拘泥，没有灵动之气，个个都是'死字'。"

　　个个都是"死字"？王羲之看着自己的书法，确实每一个字都静静地在那里，似乎没有活力。那什么是活的呢？他的眼睛扫过书案，扫过笔墨纸砚，扫过屋里的家具。他又抬起头，看着书房的屋顶。所有的东西，都一动不动。

　　他翻动起书架上前人的字帖，以往让他兴趣浓厚的字迹，似乎也在呆呆地望着他。怎么什么都是死气沉沉的？他不由得叹了一口气。

屋里一片沉闷，王羲之走到窗前，推开小窗，向外望去。

窗外的池塘里，一群白鹅在凫水。

自小喜欢鹅的王羲之，看着鹅浮在水面上悠闲自在，白色的羽毛映在绿色的水面上，水波一荡一荡，飘逸灵动。一会儿，这群鹅上了岸，摇摇摆摆，红色的顶子、长长的脖子、白色的尾巴，质朴可爱。看着白鹅可爱的样子，他心里一动，不自觉地以手代笔，在虚空里凭空书写，心里隐隐约约发现了什么。

鹅，可以通过摆尾、摇头、振翅，变化出不同的姿态。书法的笔势，也应该可以从古人的书法中，变化出不同的姿态。

他举着手指在空中手书，运笔更加迅疾，不自觉地将草书的笔法融进了行书之中。情不自禁，他越写越兴奋，几乎要手舞足蹈起来。写着写着，他猛然一愣："这样可以吗？从来没有人这样写过呀？"

格言

学而不思则罔，思而不学则殆。

——孔　子

这时，一阵嘎嘎的叫声传来，忽然惊醒了他。是呀！白鹅在水中可以潇洒嬉戏，在陆地上可以质朴行走，我又何必拘泥于古人的规定呢？

一下子打破了心中的框框，王羲之兴之所至，立刻快步走到书案前，提起笔来在纸上模拟着白鹅在水中的潇洒，在陆地上的质朴。

他不停地写着，完全忘记了时间。不知不觉天色已晚，书房的蜡烛已经被仆人点亮了，书案上也摆好了馒头和酱菜。仆人知道王羲之练字专注，不喜欢被打扰，所以没有说话就悄悄地退了出来。

一阵清凉的晚风吹来，王羲之的肚子发出了"咕噜"声，真的有些饿啦。但他舍不得停下来，就一手执笔，一手抓起馒头，看都没看，就把馒头蘸到了墨汁里边吃边写。他沉浸在笔锋遒劲有力、笔势行云流水的苦练中，馒头到底是什么滋味，他毫不在意，只有一行行的字从他的心里流动到笔端。

一张又一张的书作，在他手边滑落。

夜色已晚，王羲之的夫人担心他太过劳累，在仆人的陪伴下到书房看望他。远远的，依稀可以看见王羲之挥毫泼墨的影子。她心疼地想，自从嫁给王羲之将近十年，几乎每一天都是这样，如果不催促他，他是不会罢手休息的。她轻轻推开房门，一直走到王羲之身边，也没有被他发现。

王夫人没有打扰自己的丈夫，而是默默地帮他把散落在地上的纸捡了起来，放在书案上。在烛光中，她惊讶地发现，王羲之的嘴角上都是墨迹。她不禁叫道："相公，你为什么吃墨呀？"

王羲之这才猛地抬起头来，一边抹着嘴，一边一脸迷惑："吃墨？没有呀？"

这时，仆人发现还有半个馒头泡在墨汁里，而酱菜一口没动，

忍不住"扑哧"笑了起来。这时，王羲之才知道自己只顾练字，把墨汁当作酱菜汁用馒头蘸着吃了。

王夫人拿出手帕，想为王羲之擦去嘴上的墨迹，但是墨汁已经干了，一时也擦不掉。她心疼地说："您的字已经写得很好了，为什么还要这样苦练呢？"王羲之说："要想自成一体、超越前人，就非下苦功夫不可。"说完后，他继续埋头写字。

就这样，经过不断的艰苦探索与勤思苦练，王羲之终于成为了一位伟大的书法家，他吸取前人精华，书法独创一家。人们称赞他的书法如同天上的浮云一样灵动飘逸，如同空中的飞龙一样矫健有力，尊称他为"书圣"。

知识链接

兰亭集序　东晋穆帝永和九年（353年）三月初三，王羲之与谢安、孙绰等四十一人在山阴兰亭（今浙江绍兴）聚会雅集，所作的诗歌收录为《兰亭集》。王羲之为这本诗集写了序文手稿，名为《兰亭集序》。序中记叙兰亭周围山水之美和聚会的欢乐之情，抒发作者对好景不长、生死无常的感慨。法帖共二十八行，三百二十四字，章法、结构、笔法都很完美，是王羲之五十岁时的得意之作。后人评道："古法一变。其雄秀之气，出于天然，故古今以为师法。"因此，历代书法家都推崇《兰亭集序》为"天下第一行书"。

祖冲之修改历法

生活在南朝宋、齐两个朝代之间的祖冲之，既无名师指导的背景，又没有正规的求学经历。他凭借着自己的刻苦钻研，创制了《大明历》，在天文历法方面取得了卓越的成就。

年轻时的祖冲之注重对于古代典籍的研究，特别翻阅了大量的古代天文历书。在翻阅中，他发现很多以前的历书一向把十九年定为计算闰年的单位，称为"一章"，在每一章里有七个闰年。也就是说，在十九个年头中，要有七个年头是十三个月。这种闰法一直采用了一千多年，不过还不够周密、精确。北凉赵厞写了《元始历》，打破了岁章的限制，规定在六百年中间插入二百二十一个闰月。可惜赵厞的改革没有引起当时人们的注意。祖冲之从《元始历》中获得了启发，同时，他发现赵厞六百年二百二十一个的闰数有些稀疏，也不十分精密。于是，他萌生了修改历法的念头。

他深知，要进一步提高历法的精准度，仅仅靠翻阅前人的历书肯定不行，一定要自己亲自去观测，用实践得来的准确数据进行正确的计算，才能制订出比前人更准确的历书。

经过周密的研究，他决定从测定冬至的日期入手开始自己的观测。他建立了自己的观测站，立起了一个八尺高的圭表（测量正午日影长度的天文仪器，由竖直安放的表及在表足南北方向水平安置的圭组成）来观测太阳影子的长度。每天，他都亲自动手测量。冬天，他的手冻裂了；夏天，太阳把他晒得黑了很多；春天，风沙迷住了他的眼睛……但他没有一丝懈怠，日复一日地坚持测量，将自己的观测数据认真地记录下来。经过一段时间的观测，祖冲之总是觉得自己的观测似乎欠缺了什么。是什么呢？他一时想不明白。

夜已经深了，周围静悄悄的，祖冲之没有丝毫睡意，还在想着自己的问题。不经意间，他看到了房间里计时的漏壶，顿时恍然大悟，自己怎么忘了应该同时记录下测量日影长度时的准确时间呢？他立刻走出书房，在自己的观测站安装了计时的漏壶。等忙碌完了，天已经大亮了。

一年又一年，关于日影长度的观测记录堆满了祖冲之的书房。他反复演算、比较，但是，依然没有得到满意的答案。

望着这些观测记录，祖冲之食不下咽，睡觉也不踏实。到底是哪里出了问题呢？他反复查看历书，又反复检验自己的数据。

他终于发现，原来是测算的方法出现了问题。他开始改用观测冬至前后二十三、二十四天的日影长度，然后算出平均值，继而算出冬至发生的日期和时刻。这一方法极大地提高了测定冬至时刻的准确度。在此基础上，他测定一回归年为 365.24284481 日，与现代观测结果的误差只有四十六秒。

在准确数据的基础上，祖冲之编制了《大明历》，大大提高了历法计算的精度。

格言

业精于勤，而荒于嬉；
行成于思，而毁于随。

——韩　愈

《大明历》 亦称"甲子元历"，是南北朝时期一部先进的历法，由祖冲之创制。《大明历》采用的朔望月长度为29.5309日，这和利用现代天文手段测得的朔望月长度相差不到一秒钟。在《大明历》中，祖冲之提出了在三百九十一年插入一百四十四个闰月的新闰周。根据新的闰周和朔望月长度，可以求出《大明历》的回归年长度是365.2428日，与现代测得的回归年长度仅差万分之六日，也就是说，一年只差四十六秒，这是非常精确的结果。冬至点是制订历法的起算点，因此测定它在天空中的位置对于编算历法来说非常重要。可是在祖冲之之前，历算家们一直认为冬至点的位置是固定不变的，这就使得历法制订从一开始就产生了误差。为此，祖冲之把岁差概念引进历法中，大大提高了历法计算的精度。

江泌追月读书

　　南北朝时期，齐国的江泌非常喜爱读书，无论是白天还是夜晚，只要有空，他就抓紧时间读书。但是他家里非常贫寒，买不起灯。不过这并没有妨碍他夜间读书，因为他找到了自己读书的好方法。

　　他住在一间小茅草屋里，每天夜晚，只要天上升起月亮，他都借着月色读书。

　　一天正是满月，月亮出来了，他坐在屋内窗下，借着月光读书。皎洁的月光透过窗棂，洒落在书桌上。他不时地抬头看看月亮，又低下头看看手中的书本，生活的困苦、读书的艰难，都让他觉得不值得放在心上。一朵云彩调皮地遮住了月色，江泌叹了口气，眼前一片昏暗，书本上的字也仿佛捉迷藏般的看不清了。他信手拿起笔来，沉吟片刻，在昏暗中写下自己的心得。

　　一会儿，云彩仿佛知道了他的心思，悄悄地溜走了。皎洁的月光重现，屋内一片清明。江泌又开始了读书，一边看，一边忍不住轻声吟诵，仿佛古圣先贤就在身边与他交谈。

　　渐渐地，月亮升到东南上空，月光在慢慢地移动。江泌不由自主地追随着月光,从桌边追到了窗边,又从窗边探身而出。

月光从他的小屋中悄然退出,退到了屋外。他毫不犹豫,追着月光走出了屋子,来到了月色满地的屋外。

屋外夜色清冷,一阵寒风袭来,打透了江泌单薄的身子。他打了一个冷战,但是手中的书本仿佛有了魔力一般,让他放不下来。

开始,他倚靠在门框边,一边哈着寒气,一边读书。秋天的夜晚静悄悄的,让江泌忘却了一切,只是沉浸在书本的世界里。

天上的月亮开始调皮了,又开始慢慢地移动。

江泌已经沉浸在书中无法自拔,他又追随着月光走到院里。月亮越升越高,他的眼睛开始看不清楚了。

"不行,我今天一定要把这本书读完,因为明天这本书就要还了。也许,我再也借不到它。"

但是月亮升高了,怎么办呢?这时,他发现院子里有一架梯子,就马上跑了过去,将梯子搭在屋檐下,追随着月光,爬上了屋顶。

050

月光一片明亮,他贪婪地读着,仿佛要把这一片月色、一篇篇文字融入自己的心里。但是,经过连续好几天的昼夜苦读,江泌

格言

昼短夜长须强学,学成贫亦胜他贫。

——杜荀鹤

觉得非常疲惫，他的眼睛慢慢地合上了，他实在支撑不住，就在屋顶上睡着了。

在梦中，他仿佛走进了一个很大很大的书房，满书架都是书。他欣喜地左看看，右翻翻，一本又一本，让他爱不释手。最让他开心的是，书房里还燃着一盏油灯，非常明亮，似乎永远也不会熄灭。他拿起一本书，读呀！读呀！满心喜悦。

突然，油灯灭了。手上的书不见了。

他非常着急，我的书呢！我的书呢！

江泌在梦中挥舞着手臂，一不小心，从屋顶跌了下来。

一阵剧痛，江泌醒了过来，手里紧紧地攥着书。

幸好这是一个梦！幸好书还在手里。

他不顾身上摔得生疼，连忙又爬上屋顶，在月光下继续读书。

在无数个这样的不眠之夜中，他追着月光念了很多书，终于成为一个人人敬佩的大学问家。

满月　是指月球和太阳的黄经差达到一百八十度时的瞬间（也称望），以及此时的月相（也称望月）。满月的时候，月球和太阳分别在地球的两侧。满月的日周运动，和春秋、冬夏相反的太阳的日周运动几乎一样。日没时升起，午夜时位于南中，日出时沉没。

李密牛角挂书

　　李密是隋末著名起义军瓦岗军的领导者之一。他曾率军打开兴洛仓赈济灾民，也曾多次与隋军浴血奋战，由于他读过书，思考问题很有见地，深受起义军和民众的拥戴。

　　作为起义军领袖的李密原本出生在贵族家庭，少年时因为祖父、父亲的荫功被选入宫廷做隋炀帝的贴身侍卫。一次值班时被隋炀帝看到了，隋炀帝因为李密的前额长得有些尖，额头的棱角十分突出，双目黑白明澈、左顾右盼，心里很不喜欢，就问宇文述："左边仪仗下站着的穿黑色制服的人是谁呀？"

　　宇文述答道："是蒲山公李宽的儿子李密。"

　　隋炀帝点了点头，说："这小子眼珠子滴溜乱转，一看就不是个有长性、安分守己的人，千万不要让他再在宫廷里做侍卫了。"

　　宇文述碍于李宽的情面，觉得直接赶走李密有些为难。隔了些日子，宇文述想好了说辞，就找个机会私下对李密说："你家世代为官，非常尊贵显荣。你应当以才学著称于世，为什么甘心混迹在朝廷的一般侍卫中间呢？"

053

好
学
卷

格言

积学于己，以待用也。

——程 颐

李密听了，感到宇文述的话与自己的想法正相吻合，就非常高兴地以自己生病为名，辞去了宫廷侍卫的工作，转而发愤读书。听说当时研究《汉书》的著名学者包恺在缑山（今河南偃师境内）隐居，就前往此地追随他学习《汉书》。

到了缑山后，包恺并未让李密听其堂训，因为李密此前并未精读过《汉书》，因此包恺只是让李密一边放牛，一边阅读《汉书》。这可苦了李密，因为要把牛养得强壮，就必须让牛吃到沾着晨露的青草，牛的食量很大，要让牛吃饱，必须要走很远的路才能找到足够的草。这样一天到晚地骑在牛背上四处奔波，怎能读好《汉书》呢？但这难不住李密。他找到一块薄草垫铺在牛背上以防颠簸，自己每天骑在牛背上，把《汉书》翻开挂在牛角上，一边前行，一边诵读。

这一天，正巧在路上碰到越国公杨素。杨素骑着高头大马，看到李密后，就挽住缰绳跟在李密的牛后，问道："你这个书生是哪积学于己，以待用也。

位啊？怎么如此勤奋？"

李密认识杨素，赶紧向杨素行礼下拜。

杨素问李密在读什么书，李密说："是《汉书·项羽传》。"

杨素便与李密又交谈了几句，感到李密非常有见识，认为他是个非常难得的人才。杨素回家后告诉自己的儿子杨玄感："我看李密的见识和气度，绝不是你们能比得上的。"

杨玄感因此想方设法与李密结交。他还曾悄悄问李密："隋炀帝非常喜欢怀疑猜忌，不好伺候，看来隋朝的历史不会太长了。但如果中原一旦发生变乱，先生和我谁能冲到历史大潮的更前面呢？"

李密回答："在两军对垒之间，叱咤风云，指挥若定，冲锋陷阵，争取胜利，我不如您。但招揽天下英雄而驾驭他们，使远近的各支力量都前来投奔，您不如我。"

后来，李密以实际行动证明了自己读《汉书》后学到的高远的

好学
卷

志趣，贡献了很多谋略，还散尽家财招揽贤能英雄之士。隋末，李密参与杨玄感起兵反隋，失败后加入农民起义军瓦岗军，成为首领。

知识链接

《陈情表》　古代时，还有一位名叫李密的名人，是西晋著名的散文家。他曾仕蜀汉，蜀亡后，晋武帝征他为官时，他写下了《陈情表》。文章叙述祖母抚育自己的大恩，以及自己应该报答、赡养祖母的大义；除了感谢朝廷的知遇之恩以外，又倾诉了自己不能从命的苦衷，真情流露，委婉畅达。李密早有孝名，据《晋书》本传记载，李密奉侍祖母刘氏"以孝谨闻，刘氏有疾，则涕泣侧息，未尝解衣，饮膳汤药，必先尝后进"。晋武帝览表，赞叹说："密不空有名也。"感动之际，因赐奴婢二人，并令郡县供应其祖母膳食，密遂得以终养。在李密写完这篇表后一年左右的时间，刘氏就去世了。他在家守孝期满后出仕为官，做了两年官后去职还家。南宋文学家赵与时在其著作《宾退录》中曾引用安子顺的言论："读诸葛孔明《出师表》而不堕泪者，其人必不忠；读李令伯《陈情表》而不堕泪者，其人必不孝；读韩退之《祭十二郎文》而不堕泪者，其人必不友。"从古至今，此三文被并称为抒情佳作而传诵于世。

铁杵磨成针

李白是唐代著名诗人，由于他的诗歌创作成就卓著，被后人尊称为"诗仙"。传说李白出生前，他的母亲梦到长庚星飞到她的怀里，梦醒后很快生下了李白。长庚星在中国古代指的就是傍晚出现在西方天空的金星，也称做太白星，李白字太白，就由此而来。

李白五岁时，全家辗转从西北迁到四川落户。少年时，他为了远避城里的喧嚣，住进了四川彰明县青莲乡的象耳山中，日日与青山绿水为伴，一面练剑习武，一面苦读孔子、孟子以及老子、庄周、屈原、建安七子等儒家、道家圣贤的著述，常向往自己能够一鸣惊人、一飞冲天。他既想做一名独行万里、除暴安良的侠客，又想成为一名治国安邦、雄辩无敌的说客。

有一年初夏，他终于耐不住象耳山中清冷寂寞的日子，彻底厌倦了读书练剑而苦无所得的生活，愤然扔下尚未读完的书籍和日日挥舞的长剑，下山而去。他忽然发现，没有了书和剑的日子原来竟是如此轻松和美好：他听到鸟儿在林间欢快地鸣唱，看到野花在苍松翠竹间自由地绽放，感到微微的山风拂过自己周身时的清爽。为

什么要把这样美好的时光花费在读书、练剑那样枯燥无味的事情上呢？他忽然觉得自己已经错得太久，错得太无可救药了。他期待着能看到山路上挑柴的樵夫、往田间地头送饭的村姑、在池塘中打闹戏水的儿童……他突然感到从孤独中重回人间的幸福和满足。下山途中的一切，都仿佛对他欣欣然绽开了笑脸……

一位老奶奶忽然映入李白的眼帘。她正蹲在清亮亮的小溪旁，低着头看不到脸，只能看到花白的发髻，穿着洗得发白的灰布夏衫，在水边的青色岩石上，用被溪水浸泡得通红的双手，反复用力地打磨着一根黑糊糊、沉甸甸的铁杵。随着铁杵在岩石上嗤嗤作响，汗水已经浸湿了她的衣衫。李白觉得这简直太奇怪了。

"老奶奶，我能为您做些什么吗？"李白忍不住问。

老奶奶缓缓地抬起头，满是皱纹的脸上两道炯炯有神的目光，扫过李白颀长的身体，扫过他清秀俊朗的面庞，停在他晶莹明澈的眼睛上。

"你能帮我磨出一根天底下最细的绣花针吗？我想绣出最栩栩如生的画卷，就必须有这样一根极细极细的针。"

"用这根铁杵来磨吗？"

"当然。这铁杵是经过千万次锻打的，磨出的针肯定是既坚韧又锋利。也只有用这样的铁杵磨出的极细极细的针，才能绣出最精巧鲜活的花鸟、人物和风景。"说着话，老奶奶双手停了下来，开始仔细端详着年少的李白，端详着他纤细白皙的双手，端详着他满脸的稚嫩与困惑。

"那么，我来帮您磨一会儿吧！"李白说着话，撩起长衫的下摆，站在老奶奶身边，伸手接过了老奶奶手中的铁杵。铁杵与水边的青色岩石再度摩擦，发出嗤嗤的声音。一下、两下……十下……一百下……一千下……李白双手紧握着铁杵从酸到痛，双腿站到从酸到

麻，再到直不起腰来，双眼紧盯着手中在岩石上蹭过去又蹭过来的铁杵，似乎依然黑糊糊、沉甸甸地原封未动，但明媚的太阳却不知不觉已转向西沉了。老奶奶只是默默地坐在旁边的一块岩石上，看一会儿远处的山林，看一会儿磨铁杵的李白。

"老奶奶，对不起，我实在磨不动了。这铁杵太粗太硬，根本就无法磨成绣花针啊！"筋疲力尽的李白终于彻底打消了帮老奶奶用铁杵磨出一根细针的愿望。

"我的丈夫姓武，他和儿子都被抓去当兵打仗，生死未卜；儿媳养活一家老小又得了重病。"老奶奶双眼迷茫地看着溪水，悠悠地说，"磨不成极细极细的绣花针，我就无法绣出能换来足够钱粮的绣品，一家老小免不了挨饿受冻……我想，只要功夫深，铁杵也不难磨成针。"老奶奶接过李白递过来的铁杵，继续干下去，嗤嗤地磨起来……

李白站起身，惭愧地望着老奶奶花白的发髻、洗得发白的灰色布衫，再不敢看老奶奶的手和她手中那黑糊糊、沉甸甸的铁杵。他忽然感到一阵眩晕，深吸了两口气，才攒足了力气，拖着沉重的脚步向山上的茅庐走回去。他忽然明白了父亲偶尔提及的这开元盛世中拓边战争的残酷。在这样的沉痛与激愤中，李白明白了自己努力读书、练剑的意义，没有学识、武功，连自保都难，那么，还有谁能帮到那誓把铁杵磨成针的老奶奶呢？还有谁能让普天下的百姓生活的困苦减少一些呢？

十多年时光如白驹过隙，到了二十六岁这年，学富五车、才高八斗的李白终于走出了四川的青山，在游历了几乎大半个中国后，走向了唐王朝的国都长安，开始了他傲视权贵、为民众谋幸福的生涯……

长庚星　每天傍晚太阳落山天快黑的时候，西南方就会出现一颗很亮的星，出现得最早而且很亮，这就是金星，又叫长庚星、启明星。金星比太阳落得晚，所以叫长庚星，因为它出来得比太阳早，所以又叫启明。金星在中国古代被称为"太白金星""太白""启明"，是八大行星之一。它有时是晨星，黎明前出现在东方天空，被称为"启明"；有时是昏星，黄昏后出现在西方天空，被称为"长庚"。

格言

光景不待人，须臾发成丝。

——李　白

范仲淹划粥读书

北宋著名大文学家、政治家范仲淹自幼家贫，为了读书，只好到一家寺院的僧房中去借读。他在寺院中，经常足不出户，手不释卷，读书通宵达旦。因此，他读书的成绩非常好。

有一天晚上，他的一个同学在家里吃完饭后，一边读书，一边做先生留下的功课，但是其中有一句怎么也不明白。他想："范仲淹读书最好，经常被先生夸奖，干脆我去问问他吧！"况且，他也很想知道范仲淹到底是怎么学习的。打定了主意，他快步走到了范仲淹借住的寺庙中。

果然，范仲淹正在烛光下苦读。这个同学把自己的疑问提了出来。范仲淹并没有立刻回答，而是想了想，取出几本书来翻了翻。每一本书都打开到了某一页上，他说："你先自己看吧！"同学心里很不痛快，问你个问题，也不给我解答，让我看这些书干什么呀！但是，看到范仲淹诚恳的神态，也就不好说什么，只能自己拿书看了起来。

这个同学开始是漫不经心地应付，还不时地偷眼看范仲淹在干什么。他发现，范仲淹仍在静静地读书，仿佛自己不在身边一样。但是读着读着，这个同学发现了奥妙，范仲淹给他指出的地方，不仅能够解答他的问题，还能举一反三，将相关问题一并解答。他越

读越开心，读到精彩的地方还和范仲淹一起讨论几句。两个人边读边研究，不知不觉竟然已经到了深夜。范仲淹让同学留宿在寺庙里，同学开心地答应了。

同学困倦极了，很快就睡着了。不知过了多久，他睁开眼睛，发现范仲淹不在屋里。他顿时好奇起来，范仲淹去哪里了？莫不是在偷偷看什么秘籍？不行，我要去找找他。

他在院子里转了一圈，也没有找到范仲淹。突然，他听见厨房里似乎有声音，就连忙走了进去。他看见范仲淹一边在煮着什么，一边还就着灶台的火光读书。于是他好奇地问："你饿啦，煮什么呢？"

范仲淹抬起头来，淡淡地说："我每天晚上熬好一盆稀粥，等到第二天早上，这稀粥就会凝结成冻。我用小刀把粥划分为四块，早上吃两块，晚上吃两块。现在已经熬好了，我也该休息啦。明天还要上课呢。"

同学和范仲淹一起回到屋里，蜡烛熄灭了，他看到范仲淹和衣而睡，就问道："你怎么睡觉不脱衣服呢？"范仲淹说："晚上脱，白天穿，太耽误时间了。我都好长时间不脱衣服睡觉了，习惯成自然。"

他的同学久久无法入睡，一直在感慨，范仲淹真是一个刻苦的人。

果然，第二天早上范仲淹拿来了两块粥冻，一块自己吃，一块分给了同学。没有菜，他就切一些腌菜下饭。看着如此简陋的饭菜，他的同学眼泪都快下来了。但是范仲淹毫无怨言，就是在吃饭时，依然在专心读书。

同学立刻回家告诉了父亲。同学的父亲听说后，被范仲淹的苦学精神感动了，马上吩咐家人做了许多好吃的食物，叫儿子带给范仲淹。同学赶快给范仲淹送去，真诚地说："这是我父亲叫我送给你的，赶紧趁热吃吧！"范仲淹回答说："不！我怎么能够接受你的东西呢？还是带回去吧！"同学以为范仲淹不好意思接受而推辞，连忙放下食物，就回家去了。

到了晚上，同学又来到寺庙中，发现送给范仲淹的食物竟然丝毫未动，他大声叫道："你为什么不吃呢？"范仲淹回答说："并不是我不想吃，只是我已经过惯了艰苦的生活，如果吃了这些美味佳肴，以后再过这种艰苦的生活就不习惯了，所以我就没有吃。感谢你父亲的一片好意。"同学回到家里，又将范仲淹的话告诉了自己的父亲。他的父亲感慨地说："真是一个有志气的孩子，日后必定大有作为呀！"

范仲淹正是凭着这股苦读的劲头，终于成了中国历史上著名的政治家、思想家、军事家和文学家，世称"范文正公"。他还为后人留下了"先天下之忧而忧，后天下之乐而乐"的千古名句。

格言

不学自知，不问自晓，古今行事，未之有也。

——王 充

《岳阳楼记》　岳阳楼在湖南岳阳西北的巴丘山下，楼高三层，下临洞庭湖，其前身是三国时期吴国都督鲁肃的阅兵台。唐玄宗开元四年（716年），张说在阅兵台旧址建造楼阁，取名"岳阳楼"，常与文士们登楼赋诗。《岳阳楼记》是一篇为重修岳阳楼写的记。

庆历新政失败后，范仲淹贬居邓州，此时他身体很不好。昔日好友滕子京从湖南来信，请他为重新修竣的岳阳楼作记，并附上《洞庭晚秋图》。范仲淹虽一口答应，但他其实没有去过岳阳楼。庆历六年（1046年）六月，他在邓州的花洲书院里挥毫撰写了著名的《岳阳楼记》一文，这是看图写的。文章表现了作者虽身居江湖，却心忧国事，虽遭迫害，仍不放弃理想的顽强意志，同时，也是对被贬朋友的鼓励和安慰。全文记叙、写景、抒情、议论融为一体，动静相生，明暗相衬，文词简约，音节和谐，用排偶章法做景物对比，成为杂记中的创新。"先天下之忧而忧，后天下之乐而乐""不以物喜，不以己悲"是其中的名句。《岳阳楼记》之所以能够成为传世名篇，并非因为其对岳阳楼景观的描述，而是因为范仲淹所抒发的先忧后乐、忧国忧民的高尚情怀。

欧阳修苦读

欧阳修是北宋时期著名的政治家、文学家、史学家和诗人。他四岁的时候父亲去世了，他与母亲只好在叔父家生活。他的叔父很疼爱他，但是由于家里贫穷，没有办法为欧阳修提供良好的学习条件，这并没有阻止欧阳修求学的热情。

十岁的一天，欧阳修从城南的李家借到了唐朝韩愈所写的《昌黎先生文集》。他非常高兴，回到家中立刻读了起来。母亲郑氏反复来催促欧阳修吃饭，但是他根本听不见，完全沉浸在了书本中。

郑氏站在门口，看着自己的儿子专注读书的神情，看着他一边读书一边无意识地用手指在桌上画出字，郑氏仿佛又回到了几年前，欧阳修刚刚开始认字的那些日子。

那时，欧阳修的父亲刚刚去世。由于家贫无法生活，他们母子俩只好来到了欧阳修的叔父家。欧阳修的叔父待母子二人很好，只是由于家里也不富裕，也就仅仅能让他们温饱度日。

郑氏是一个识文断字的人，看到欧阳修从小就非常好学，虽然母子二人一路投亲，路途艰辛，但是郑氏仍然尽可能地带了欧阳修父亲留下的一些书籍。郑氏一边为儿子念书，一边教儿子认字。慢慢地，欧阳修认识了很多字，一些简单的书甚至都可以自己读了。但是，郑氏也发现，欧阳修虽然识字很多，却不会写字。可家里又没有钱买纸、买笔、买墨。一想到自己没有办法学写字，欧阳修非常着急。

懂事的欧阳修没有表现出来，他生怕妈妈、叔父为难。开始的时候，他想出了用手指在书上比画的方法。一笔一画，慢慢地，他会写很多字了。但是，他不知道自己写的字是什么样子。一次，他不小心洒了一碗水在桌子上，无意中用手一划，出现了痕迹。欧阳修高兴极了，他用手蘸着水在桌子上一笔一画地写起字来。啊！原来自己写的字是这个样子的。

郑氏无意中走进屋里，发现欧阳修正在蘸着水认真地在桌上写字。阳光照在他的脸上，稚嫩的脸庞洋溢着求知的热情，他沉浸在写字的快乐中，丝毫没有发现妈妈已经走了进来。屋里很热，他脸上的汗水流了下来，滴了几滴在桌子上。欧阳修小声地嘀咕着："这个字多了一点？哦！原来是我的汗。"他笑了起来。欧阳修在桌子上写字并不顺利，不是不小心袖子擦掉了水迹，就是由于天热字很快就干了。郑氏看到这里非常心酸。忽然，她好像想到了什么，转身走了出去。

直到晚上，郑氏才回到家里。欧阳修非常着急，妈妈怎么回来这么晚，难道出了什么事情吗？不等他张嘴问，郑氏就高兴地举起了手中的东西。"看，娘给你带来了什么？这是娘求村里人帮你做的一个好东西。"

欧阳修定睛一看，是一个长方形的木盒子，没有盖儿，只有满满的一盒沙子。他有些疑惑。郑氏放下木盒子，到院子里取来一支小柴棒。她用手将盒子里的沙子抚平，用小柴棒在沙子上写下

了"欧阳"两个字。

聪慧的欧阳修一下子高兴地跳了起来:"娘,太好了。我可以好好写字啦!"他顾不上别的,立刻拿起小柴棒写了起来。那一晚,欧阳修写了很多很多字,一遍又一遍。郑氏一边看着,一边纠正他写字的笔画顺序。母子二人非常开心,都忘记了吃饭。

在那晚的月光下,郑氏看到了欧阳修认真的表情,如同今天她看到的欧阳修读书时的专注神情一样。这是一个有出息的孩子呀!郑氏感叹道。但是她不会想到,就是这个正在读唐朝韩愈所写的《昌黎先生文集》的孩子,有一天会成为与韩愈齐名、位列唐宋八大家之一的文学家,著述繁富,成就斐然。

好学卷

上善若水
厚德载物

《洛阳牡丹记》 欧阳修亲睹"洛阳之俗，大抵好花，春时，城中无贵贱皆插花，虽负担者亦然。花开时，士庶竞为邀游"，于是遍访民间，对洛阳牡丹的栽培历史、种植技术、品种、花期以及赏花习俗等作了详尽的考察和总结，撰写了《洛阳牡丹记》一书，包括《花品序》《花释名》《风俗记》三篇。书中列举牡丹品种二十四种，是中国历史上第一部具有重要学术价值的牡丹专著。

格言

少壮及时宜努力，老大无堪还可憎。

——欧阳修

知错能改　学无止境

王安石是中国北宋时期杰出的政治家、思想家、学者、诗人、文学家、改革家，唐宋八大家之一。

王安石做了宰相以后，在繁忙的政务闲暇之余，经常翻看各地送来的诗文，从中发现可用的人才。

有一天，他翻阅诗文时看到了一首诗："彩蝶双起舞，蝉虫树上鸣。明月当空叫，黄犬卧花心。"他看了第一、二句，不住地点头称赞。但是，看到第三、四句时，他摇了摇头，想到：明月怎么会发出声音，一条黄狗怎么能够卧在小小的花心中呢？他随口询问仆人，这是什么人做的诗？仆人打听了一下，原来是一位多年科举考试不中的秀才写的诗。王安石笑了笑：这样迷迷糊糊的秀才，肯定不能考中。于是，他把后两句改成："明月当空照，黄犬卧花荫。"自己觉得很是通畅，得意之余，为了教育这位秀才，就让人给这位秀才送去了这两句改过的诗文。

后来，王安石变法失败，辞去了宰相职务，到各地去游历散心。

一日，他来到潮州。一个晚上，一轮明月高悬夜空，王安石在寓所的花园里赏月。花园虽小，但是花草繁茂，香气袭人。花草栽培设计精巧，层次错落。王安石觉得非常赏心悦目，于是叫人请来花匠。花匠是一位经验丰富的老者，不仅回答了王安石诸多有关花草的问题，还介绍了很多当地的花草知识。王安石非常高兴，不仅赏赐了老花匠银子，还邀请老花匠一起赏月。老花匠摇了摇头："大人，小民今晚很忙，真的没有时间陪您赏月呀！"

王安石很奇怪："老人家，夜已经深了，还有什么需要劳作吗？"

老花匠说："大人，您可不知道呀！有一种黄犬虫，一到晚上就钻到花心里糟蹋花朵，非常可恨。在月光明亮的晚上，正是抓这种虫子的好时候。"

"黄犬虫？"王安石似乎想起了什么，重复了一句。

老花匠连忙探身在旁边的花草中，很快捉住了一条虫子，高高

格言

三人行，必有我师焉。择其善者而从之，其不善者而改之。

——孔　子

地举到王安石的面前。原来，黄犬虫是一种小小的黄色毛虫。

正当王安石仔细看这条黄犬虫的时候，忽然一阵响亮的鸟鸣传来，在宁静的夜晚，特别委婉动听。王安石一愣，抬头望去，随口说道："真是奇怪。一般来讲，鸟在夜里很少鸣叫呀！"

老花匠连忙说："大人有所不知，这是本地特有的一种小鸟，喜欢在夜晚鸣叫。特别是在明月当空的时候，鸣叫得最为动听。我们把它叫做明月鸟。"

黄犬虫？明月鸟？听完老花匠的话，王安石立刻想起几年前乱改那位秀才写的"明月当空叫，黄犬卧花心"。原来，不是那位秀才糊涂乱写，而是自己无知，铸成妄下结论的错误，真是学无止境呀。

于是，王安石专程拜访了那位秀才，并当面表示了歉意。从此以后，王安石更加注重学习各种知识，再不随意下结论了。

　　唐宋八大家　是唐宋时期八大散文作家的合称，即唐代的韩愈、柳宗元和宋代的苏洵、苏轼、苏辙（苏洵、苏轼、苏辙父子三人称为"三苏"）、欧阳修、王安石、曾巩（曾拜欧阳修为师）。明初朱右最早将韩愈、柳宗元、苏轼、苏洵、苏辙、欧阳修、王安石、曾巩八个作家的散文作品编选在一起发行了《八先生文集》，后唐顺之在《文编》一书中也选录了这八位唐宋作家的作品。明朝中叶，古文家茅坤在前人基础上加以整理和编选，取名《八大家文钞》，共一百六十卷，"唐宋八大家"从此得名。唐宋八大家是主持古文运动的中心人物，提倡散文，反对骈文，给予当时和后世的文坛以深远的影响。

程门立雪

杨时是中国宋代著名的理学家，也是一位很有影响的政治家。他曾先后师从宋代著名理学家、教育家程颢和程颐兄弟。

宋徽宗宣和六年（1124年），在他年逾古稀、担任秘书郎的时候，杨时向朝廷上书说："如今士大夫不敢对天下大事畅所欲言，不过是为了明哲保身而已。但他们不曾想过，天下动荡不安，怎么能保全自身？"以为太平盛世尽在掌控之中的宋徽宗当然不会认同杨时的直言。不幸的是，北宋很快就在大臣们的唯唯诺诺和统治者的骄奢淫逸中被金国轻而易举地灭亡了。而在金国统治下的国破家亡后的北宋臣民，除了背井离乡、四处逃亡、任人欺凌宰割屠戮外，昔日掩盖了大量社会矛盾的繁华太平景象，也在霎时间化为泡影。现实印证了当年杨时的远见卓识。那么，杨时的真知灼见从哪里来？这当然是他勤学勤思、虚心求教得来的。

杨时二十九岁时在颍昌拜程颢为师，学习孔子、孟子的学术精要。程颢去世后，杨时非常悲痛。恰巧朝廷任命他去浏阳任县令，他就在赴任途中专程前往洛阳拜见程颢的弟弟程颐。这时杨时四十多岁了，已经学有所成，并有了一定的功名威望。

拜访程颐途中，杨时先拜访了同学游酢，与游酢交流了学习孔子、孟子思想的心得和体会。但当二人谈到治理天下应以"仁"为先，还是以"礼"为先时，杨时认为必须有爱别人的境界，才能建立合理的统治秩序；而游酢则认为没有严格的等级划分和礼法约束，就难以维护能够让人过上安定生活的统治秩序。两个好朋友各执己见，争论不休。最后，杨时想到还要前往拜见程颐，就对游酢说："我们还是请程颐先生给我们一个肯定的答案吧！"

第二天，天寒地冻，浓云密布，天阴沉沉的。杨时与游酢吃过早饭就前去拜访程颐。他们走到半路上，感到这年的冬天尤为寒冷。

格言

学不可以已。青，取之于蓝，而胜于蓝；冰，水为之，而寒于水。

——荀　子

西北风如同冰冷的刀锋迎面吹来，顺着衣领、袖口蚕食着身体的一丝丝热量，刺得人忍不住一阵阵颤抖。天不作美的是，不一会儿，随着凛冽的寒风，天空中开始飘起鹅毛般的大雪。他们只能把衣服裹得紧紧的，匆匆赶路。

总算来到程颐的家了。但程颐家的看门人却告知，他们来得不巧，正赶上程颐刚刚在里屋的火炉旁一边打坐闭目养神，一边思考问题，并叮嘱任何人都不要打扰他。游酢想请看门人帮忙告诉程颐是杨时前来看望，却被杨时赶忙阻止了。就这样，二人不敢惊动打扰程颐，恭恭敬敬地侍立在堂屋的门外，面向程颐打坐的房门口，等候程颐出来。

在二人身后，慢慢地已经是远山如玉簪，树林如银妆，广袤的大地和错落有致的房屋也都披上了洁白的素装。杨时和游酢的脚都冻僵了，冷得浑身发抖，但怕惊动程颐，连脚也不敢跺一下，只是偶尔向冻红的双手轻轻哈几下热气，依然恭敬侍立。不知过了多久，杨时二人总算听到屋里有起身走动的声音，程颐终于打坐起来了。当程颐走出里屋，看到站在堂屋门外的杨时二人时，发现他们在寒风中冻得脸色发青，浑身发抖，头上、身上覆盖了厚厚的白雪，赶忙迎请他俩进屋。

听了二人的问题，程颐不无感慨地说："关爱别人能够使人与人更加和睦亲密，给人们立下规矩和教条却容易使人厌烦和逆反。因此，如果想实现自己的理想，并得到更多人的支持，我还是更同意杨时的看法，要有关爱别人的胸襟和抱负。"

后来，"程门立雪"成为尊师重道的典故，被用来作为学生尊重和爱戴老师的范本。

程朱理学　程朱理学亦称程朱道学，是宋明理学的主要派别之一，也是理学各派中对后世影响最大的学派之一。其由北宋二程（程颢、程颐）兄弟开始创立，其间经过弟子杨时，再传罗从彦，三传李侗的传承，到南宋朱熹完成。程朱理学是儒学发展的重要阶段，适应了封建社会从前期向后期的转变，以及封建专制主义进一步增强的需要。他们以儒学为宗，吸收佛、道，将天理、仁政、人伦、人欲内在统一起来，使儒学走向政治哲学化，为封建等级特权的统治提供了更为精细的理论指导，深得统治者的重视，成为南宋之后的官学。

梅花香自苦寒来

王冕是元代著名画家、诗人。明代著名的开国功臣刘基曾在《竹斋诗集·原序》中这样评价王冕的诗："盖直而不绞，质而不俚，豪而不诞，奇而不怪，博而不滥，有忠君爱民之情，去恶拔邪之志，恳恳恻恻见于词意之表，非徒作也，因大敬焉。"这样一个让刘基都十分钦佩的人，其成功就在于勤奋读书到痴迷的程度。

传说在王冕七八岁时，他的父亲每天都让他到田埂上去放牛。放牛的路上总要经过一家学堂，王冕非常羡慕那些和自己年龄相仿的学堂中的孩子，他并不是羡慕他们衣着光鲜、唇红齿白，而是羡慕他们不用整天去放牛，还能安安静静地坐在学堂里跟着先生读书识字。

听着学堂里传出的琅琅读书声，王冕忍不住一次又一次牵着牛坐在学堂的窗外，偷偷地听先生教学生们念书。时间长了，自己也能默默地记住一些字句，在野外看着老牛吃草时，再反复地背诵、记忆。

有一天，王冕在窗外听先生授课，听得过于专心，以至于傍晚

好学
卷

该回家时，一早牵来的老牛都不知道跑到哪里去了。就在王冕四处找牛的时候，已经有人牵着王冕家的牛找到他家，责怪王家没看管好牛践踏了他家的田地，并要求王家赔偿田里的损失。王冕的父亲简直气坏了，用鞭子狠狠揍了王冕一顿。他告诫王冕："咱家世代务农，天天辛勤劳作也只能保证不饿肚子。而你偏偏要痴心妄想，不好好放牛却跑到学堂偷听先生教书，弄得牛养不好，还要陪人家的庄稼。如果总是这样下去，全家难道要去喝西北风吗？"

王冕含着眼泪记住了父亲的话。但隔不了几天，学堂中的琅琅读书声像有什么魔力一样，又把王冕吸引了过去。牛又一次次脱离了小主人的牵挽，又被一次次上门讨公道的邻居送回来……王冕的父亲为此经常长吁短叹，不知道自己的儿子着了什么魔。王冕的母亲非常心疼儿子，就对王冕的父亲说："既然儿子这么喜欢读书，干脆不要再让他放牛了。我们为什么不能让他去读书，做他自己喜欢的事情呢？"

格言

人之为学，不日进则日退。

——顾炎武

父亲被说服了。但由于家里穷，还是没有钱让他到学堂里去读书。于是王冕就离开家，跑到附近的寺庙里做短工。白天做工挣了钱，除了吃饭、交给家里，攒下的就用来买书。晚上，没有钱买油点灯，他就偷偷地溜进佛殿里，坐在佛像前的供桌旁，借着供奉佛像的长明灯读书。在光影摇曳中，王冕手捧书卷，认真学习，忘记了周围的一切。读书读到忘情处，他常常会情不自禁地大声诵读，琅琅的读书声一直持续到天亮。

后来，安阳的一个儒生韩性听到了王冕好学的传闻，深受感动，就收王冕为弟子，并最终把王冕培养成一个学贯古今的大学者。而王冕也因为自己从小贫寒，非常富有同情心和正义感，经常以梅花自比人品。在预感到元末大乱将至的情况下，他坚持在山乡以务农为生，并以笔墨描摹竹石梅花的神韵，吟诗作赋并结集为《竹斋诗集》，抒发自己的情怀和抱负，终于成为对后世颇有影响的诗人、画家。

　　王冕墨梅　王冕以画梅著称，尤工墨梅。他画的梅简练洒脱，别具一格。他的《墨梅图卷》画横向折枝墨梅，笔意简逸，枝干挺秀，穿插得势，构图清新悦目。其用墨浓淡相宜，花朵的含苞、渐开、盛开都显得清润洒脱，生机盎然。其笔力挺劲，勾花创独特的顿挫方法，虽不设色，却能把梅花含笑盈枝的形态生动地刻画出来，不仅表现了梅花的天然神韵，而且寄寓了画家高标孤洁的思想情操。加上作者脍炙人口的七言题画诗："吾家洗砚池头树，个个花开淡墨痕。不要人夸好颜色，只留清气满乾坤。"诗情画意交相辉映，使这幅画成为不朽的传世名作。

悬壶济世救苍生

　　对中医感兴趣的人，大概都知道李时珍。李时珍是中国明代著名的药物学家、医学家。他耗时二十七年写成的《本草纲目》被誉为"中国的百科全书"，被翻译成多国文字。他写的《濒湖脉学》，把人体的脉象说得透彻、形象，易学易记，直到今天仍然是中医学习诊脉的必读书目。李时珍的成就绝非轻而易举，而是他经过刻苦钻研和勤奋努力取得的。

　　李时珍的父亲是当时的名医。医生在当时地位低下，受人歧视，他父亲坚决不让自己的儿子习医，命他考取功名，出人头地，光宗耀祖。李时珍的性格耿直真纯，有真性情，对格式化的八股文实在提不起兴趣。没有爱好，便难以学好，因此他三次考举人都名落孙山。他决心彻底放弃科举做官这条道路，专心学医。一开始，他父亲坚决反对，继而犹豫不决：学医绝非易事，对天资的要求很高，虽然这一点李时珍符合要求，但是学医更重要的是要有坚韧不拔的毅力和吃苦耐劳的精神，更要有大爱之心。学医不但需要熟读以往大量的医学典籍，学习前人的经验，还得深入民间学习。疾病是不

断变化的，同一种病，在不同的地域会有不同的治疗方法，用药也不同。不同地区的同一种药物，药效也有很大差别，这些都需要亲身考察、亲自品尝才行。有些药毒性很大，传说炎帝就是在尝草药时被毒死的，所以学医也是有风险的。病人的情况各不相同，有些病人浑身溃烂，如果没有大爱之心、怜悯之情，看着都使人嫌弃，还怎么治病呢？父亲把学医的艰难之处都告诉了李时珍。李时珍没有退缩，他向父亲表明决心："身如逆流船，心比铁石坚。望父全儿志，至死不怕难。"看到儿子矢志不移，父亲终于同意了，从此悉心教导李时珍学医。经过几年时间，李时珍果然成了很有名望的医生。

在不惑之年，李时珍因为医名卓著，被请到皇城太医院当御医，给宫廷里的人治病。李时珍愿意当御医，不是为了荣耀而是另有打算，太医院收藏的历代医书非常丰富，其中有一些是民间罕见的善本。因为李时珍刚去，轮不到他给皇帝治病，因此他有的是空闲时间，就夜以继日地阅读中医古籍，而且对经史百家、方志类书、稗官野史也都广泛涉猎，做了大量笔记。他的巨著《本草纲目》引用了八百多种古籍，其中有一部分就是在太医院时阅读的。看完了想看的书籍，李时珍便辞去御医回乡，专心在民间行医。

随着医术的提高、眼界的开阔，李时珍遇到的困难也越来越多，其中最麻烦的就是有些医书关于药物的药性有互相矛盾的说法，甚至不同药物之间张冠李戴的现象也时有发生，使人不知道该相信谁的。有几件事对他触动很大：他家乡的一个医生给一个精神病人开药，药中用了防葵，病人服药后竟然很快就死了；一个身体虚弱的人吃了医生开的补药黄精，也莫名其妙地送了性命……原来是医书上把防葵、黄精和狼毒说成是同一药物，而狼毒的毒性很大，人吃了怎能不送命呢？民间药物误人的事时有发生，李时珍心里再也不非学何立？非书何习？终以不倦，圣贤何及。

——苏 轼

能平静，在当时还没有一部权威的本草医籍能够把草药的药性区分无误的。他认为，自己再怎么治病救人，数量总是有限的，如果不纠正医书的错误，将来会害死更多的人。于是他下定决心修一部尽可能完备的医药著作，能够仔细标注每一种药物的正确药效，包括辨明同一种药物的不同名称，以避免误判误用。

此时的李时珍虽然已熟读古代医学典籍，但是光靠书本知识显然是不够的，必须行万里路。李时珍穿上草鞋，背起药筐，远涉深山旷野，遍访名医宿儒，搜求民间验方，观察和收集药物标本。比如芸苔，是治病常用的药，但究竟是什么样的？《神农本草经》说不明白，各家注释也语焉不详。李时珍问一个种菜的老人，在他的指点下，又察看了实物，才知道芸苔实际上就是油菜。有一种药物是蕲蛇，即蕲州产的白花蛇，这种药治疗风痹、惊搐、癣癞等有奇效。李时珍早就研究它，但是一直没有真正见过蕲蛇的样子，于是请教当地的一位捕蛇人。那人告诉他，蕲蛇牙尖有剧毒，人被咬伤要立即截肢，否则就会中毒死亡。蕲州虽然很大，但是只有城北龙峰山上才有真正的蕲蛇。市场上看到的都是从江南捕来的，是假冒的。李时珍要亲眼观察蕲蛇，于是请捕蛇人带他上了龙峰山。他不顾危险，终于看到了蕲蛇的模样。他在《本草纲目》中描述白花蛇时，写得简明准确："龙头虎口，黑质白花，胁有二十四个方胜文，腹有念珠斑，口有四长牙，尾上有一佛指甲，长一二分，肠形如连珠。"与外地蛇的区别是"出蕲地者，虽干枯而眼光不陷，他处者则否矣"，可见观察有多么细致。正是这种锲而不舍、认真严谨的作风，帮他弄清了不少似是而非、含混不清的药物。用他的话来说，就是"一一采视，颇得其真"，"罗列诸品，反复谛视"，过去的很多疑难问题都迎刃而解。

就这样，李时珍一边学习，一边为父老乡亲治病，深受人们的尊敬与爱戴，他的医术也更加精进。一次，他遇到一位老婆婆，患习惯性便秘达三十年之久，多年治疗不见效，痛苦异常。李时珍运用从民间学来的偏方，很快就治好了她的病。还有一次，一位妇女鼻出血，一天一夜都止不住，碰巧让李时珍遇上了，李时珍用大蒜切片贴患者足心，很快血就不流了。这个方子，也是他从民间学习来的。

李时珍历经二十七年的不懈努力，走遍了大半个中国，终于完成了中国历史上第一部非常完备的药物学巨著《本草纲目》。从此，中医大夫有了可以放心参考的用药指南。

《本草纲目》 是李时珍的代表性著作，约一百九十万字。全书收药物一千八百九十二种，其中新增药物三百七十四种；每一种药物都列明产地、习性、什么时间采药、药性、主要治疗哪些疾病等；收集古代医药学家和民间单方一万一千多个；书前附药物形态图一千一百余幅。这部伟大的著作吸收了历代本草著作的精华，尽可能地纠正了以前的错误，补充了不足，并有很多重要发现和突破，是中国最系统、最完整、最科学的一部中医医药学著作。

张溥的"七录斋"

　　张溥是明末著名的文学家，在历史、文学研究等方面都有十分高明的见解，对公理孜孜以求，还非常关心国家的兴亡和百姓的疾苦。传说张溥的母亲原本是他父亲的婢女，并非他父亲的原配夫人。作为庶出的儿子，他自幼不仅很少得到亲戚们的关爱，就连家里的仆人都会因为他在家里没有地位而嘲弄他。少年时代的张溥对自己遭受的这种生来就不平等的待遇非常愤懑，发誓要通过自己的努力来改变命运对自己的不公。由于自幼刻苦好学，他二十多岁就中了进士。

　　张溥满怀忧国忧民的强烈愿望，以复兴古学为名组织了"复社"，广纳社会上崇尚气节的有识之士，表面上以文会友，实际上褒贬人物、评议时政、匡扶正义，使他年纪轻轻就在明末的知识分子中有了十分崇高的威望。再加上他文思敏捷、文采超迈，求他作文作诗的人络绎不绝。他对前来索取诗文的人也都很热情，每次都是听了客人的来意，即刻铺纸研墨，一挥而就。从不见他打草稿，总是能做到胸有成竹、佳作天成。不明就里的人都说张溥是天才，张溥并未做过多的辩解，只是把自己写过的诗文汇集成册，取名为《七录斋集》。

了解张溥的人都知道，他的"七录斋"得名于他长年养成的读书习惯。张溥自幼就坚信学习能够改变自己的命运。他深知学习能够增长人的见闻和知识，进而能够提高人的思想认识，锻造人的品格。因此，他从来不把读书仅仅作为求取功名的手段，而是希冀在读书中获得真知，提高思辨能力。他认真研究文史方面的书籍，想方设法把重要的篇章反复思索领会、理解透彻并牢牢铭记在自己的心里，以求不断提高自己的素养。

每天天不亮，张溥就坐在了刚刚透过稀薄的晨光的窗前，开始了一天的攻读，到太阳西沉点上油灯仍不停歇，尽管夏天酷热、冬天严寒，仍是乐此不疲。他自认为读书最重要的一条经验就是要勤动笔、勤动口。为此，每读一本书，遇到重要的篇章，他就先逐字抄写一遍，抄好后背诵一遍就烧掉；等背过的篇章在记忆中变得模糊时就再次抄写，再次背诵，然后再次把抄本烧掉……就这样反复

格言

学习要有三心：一信心，二决心，三恒心。

——陈景润

抄写、背诵、烧掉七遍后，这些重要的篇章终于都能记忆准确、理解无误了。他的右手因为长时间握笔写字，手掌、手指与笔和纸张常年接触的地方都长了厚厚的老茧。冬天，太仓的民居里都没有取暖的炉火，手背、手指在透窗而入的冷风中都冻出了细小的皲裂，为了不因此影响抄录，张溥每天都要把冻僵的双手在热水里洗好几次，才能完成自己制定的抄录计划。夏天，闷热的天气加上蚊虫的叮咬，使他在汗流浃背中又痛又痒。为了不影响读书，他经常在身边点燃一根自己用艾草编成的绳子，时间长了，小屋里浓烟滚滚，熏得人眼睛又红又肿，但他仍坚持抄录、诵读。在抄写、诵读的过程中，他的书法突飞猛进，口才很快提升，思维越发缜密，思考和解决问题的能力也在不知不觉中大大增强。

张溥感到出口能成章、下笔如有神时，对自己抄写七遍的学习方法很有心得，为了勉励自己不懈努力，就干脆把自己读书的地方叫做"七录斋"。

知识链接

嫡庶制度　嫡庶制度是中国古代婚姻制度的核心内容。中国古代实行一夫多妻制度，但各个女子之间的地位并不平等，这种差别就是嫡庶之分。嫡是指正妻及其所生子女，庶则指姬妾及其所生子女。嫡庶的差别在唐宋以前比较重要，经元明清而逐代减弱。中国一夫多妻的婚姻制度最初只流行于贵族阶层，平民多为一夫一妻，称"匹夫匹妇"。正常情况下，在一夫多妻的家庭里面，一个男子只能有一位正妻，称为嫡妻。日本和朝鲜半岛在古代同样奉行一夫多妻制，亦有嫡庶制度。

好学卷

上善若水
厚德载物

读万卷书　行万里路

　　顾炎武是明末清初的著名思想家、史学家、语言学家。他学问渊博，对于国家典制、郡邑掌故、天文仪象、河漕、兵农及经史百家、音韵训诂之学，都有研究。他所作的"国家兴亡，匹夫有责"的警句，激励了无数中华民族优秀儿女前赴后继地为建立一个独立、民主、富强的中国而抛头颅、洒热血。

　　值得一提的是，在顾炎武的治学生涯中，他从小就在长辈的督促下，除了诵读儒家经典外，还读了不少涉及军事、历史、地理、农学等所谓经世致用的"实学"方面的书。在"实学"的熏陶下，顾炎武常常感到，日常生活中不少迷信儒家典籍中的只言片语、如同鹦鹉学舌般不求甚解乃至断章取义的人，却在国家录用人才的科举考试中屡屡高中；而国家在建州女真的侵扰和国内农民为谋生而纷纷起义的震荡中，极为缺少能够外御侵略、内施善政的真正的人才。他在写给朋友的诗中发牢骚说，国家正是多事之秋，而行使国家权力的人却多是死读经书、缺乏解决实际问题办法的儒生（感四国之多虞，耻经生之寡术）。为此，他深切感到，八股文禁锢人们

格言

人生富贵驹过隙，唯有荣名寿金石。

——顾炎武

思想的祸患形同秦始皇的"焚书"；而科举制对培养和使用人才的戕害，比秦始皇在咸阳郊外的"坑儒"更是有过之而无不及（八股之害，等于焚书；而败坏人才，有盛于咸阳之郊）。在"实学"方面的学习中，顾炎武也常常感到在书斋中读的书，对许多事物经常是语焉不详，有的一经与现实对照则讹误百出。更有甚者，有的书中的记载有悖于常识，让人读后反而更为困惑。

为此，在屡试不中之后，顾炎武终于在二十七岁时彻底打消了通过科举考试做官的幻想，断然拒绝再参加科举考试。他遍览历代史乘、郡县志书，以及前人的文集、章奏之类的图书，辑录其中有关农田、水利、矿产、交通等记载，兼以地理沿革的材料，开始撰述《天下郡国利病书》和《肇域志》。他在写给友人黄太冲的信中说，读书人应该努力探索"国家治乱之源，生民根本之计"。此时的顾炎武为了探求救国救民的真理，在有针对性地读书的基础上，更加注重游学，注重合学与行、治学与经世为一。

顾炎武每次外出游学，都要用两匹马和三匹骡子驮着必要的典籍。一路上，他以所见所闻和书中的记载相印证，努力培养自己在"实学"方面的真知灼见。每当行进到山川险阻的要冲，顾炎武都会向当地百姓以及退休的差役询问当地的历史沿革、地形地貌、物产习俗、人物传说等详细情况，并认真地记录下来。有时他发现自己的记录与记忆中一些书籍的记载不一致，就在附近街市的客店

好学
卷

里，利用借宿的时间，从骡马驮着的书中找出相关的册页，打开来
进行核对校正，务求自己能够掌握最为全面和真实的情况。还有的
时候长时间行进在一望无际的平原旷野上，没有什么值得留意的事
物，顾炎武就利用这单调乏味的旅程，骑在马背上默诵各种经典著
作的注解疏证，边回味、边思索。一旦发现自己有淡忘或生疏的地

方，他就赶紧打开书本认真地查找、温习。通过游学，顾炎武接触了各阶层的民众，更为深刻地懂得了治国安邦的道理。他指出，"天下之大患，莫大乎贫"，"有道之世"，"必以厚生为本"；厚生之策，在于"民得其利"，而非"官专其利"，并大胆地提出要"以天下之权寄之天下之人"。

　　顾炎武四十五岁时，由于家国之变，他干脆将全部家产进行变卖，从此二十多年间，孑然一身，游踪不定，足迹遍及山东、河北、山西、河南。在给友人的信中，顾炎武自称是"往来曲折二三万里，所览书又得万余卷"。顾炎武通过大量阅读文献资料与实地考察，为完成《日知录》《天下郡国利病书》等诸多著作收集了大量翔实、完备的第一手资料。游学也为顾炎武治经重考证、为学以明道救世、重实用而不尚空谈、开清代朴学风气，打下了坚实的思想和实践基础。

知识链接

　　《日知录》　是明末清初著名学者顾炎武的代表作品之一。《日知录》是顾炎武"稽古有得，随时札记，久而类次成书"的著作。《日知录》书名取自《论语·子张篇》："子夏曰：'日知其所亡，月无忘其所能，可谓好学也已矣。'"《日知录》内容宏富，贯通古今。三十二卷本《日知录》有条目一千零九条（不包括黄侃《校记》增加的两条），长短不拘，最长者《苏淞二府田赋之重》有五千多字，最短者《召杀》仅有九字。其内容大体分为八类，即经义、史学、官方、吏治、财赋、典礼、舆地、艺文。

好学
卷

专心学习的李大钊

李大钊不仅是中国共产党早期卓越的领导人,而且是学识渊博、勇于开拓的著名学者。他四岁的时候,祖父开始教他认字、背诵诗文。六岁的时候,他已经能够背诵《三字经》《百家姓》和《千字文》了,并且还能在村里为大家读布告,村里的人都说他是神童。其实,李大钊成为神童,不仅仅是因为聪慧,更多的是因为他在严格的家庭教育中,养成了专心读书的好习惯。

有一天,村里学堂的先生布置了作业,孩子们就一拥而散地放学了。大家三三两两地走着,有人说:"今天放学早,咱们去钓鱼吧!""好呀!好呀!"不少同学响应着。"李大钊,你去吗?"因为李大钊很能沉住气,所以他钓鱼的技术非常好,小伙伴们都喜欢跟他一起钓鱼。李大钊笑着摇摇头,说:"不啦!我要先回家做作业。"拒绝了小伙伴们的邀请,李大钊坚决地回家去做作业,还有两个小伙伴跟他一起到家里写作业。

外面的天色还亮,李大钊他们一起写作业。除了翻动书本的声音,屋子里面静悄悄的。突然,窗外飞来两只小鸟,唧唧喳喳地欢声鸣叫着。两个小伙伴忍不住抬头看了看，看到两只小鸟正在打架，互相啄着，特别可爱。再回过头去看李大钊，他似乎没有听到小鸟的叫声，依然在专心读书。两个小伙伴叹了口气，只好也低头去做功课。

两只小鸟渐渐飞得更近了，竟然在窗外打起架来，扑腾的声音很大。两个小伙伴实在忍不住站了起来，蹑手蹑脚地跑到窗前。其中一个猛地伸出手想去抓住小鸟。小鸟机灵地抖抖翅膀飞走了，它们站在窗外的树上，继续唧唧喳喳地欢叫着，仿佛在嘲笑两个小伙伴。

格言

知识是引导人生到光明与真实境界的灯烛。

——李大钊

两个小伙伴别提多沮丧了，他们走回李大钊身边，摇着李大钊的胳膊，埋怨说："李大钊，你看，小鸟都飞走啦。如果咱们一起抓，一定能抓住的。"

李大钊这才从书本中抬起头来，一脸茫然的样子。小伙伴们才知道，李大钊太专心啦，一点儿都不知道发生了什么。

李大钊放下笔，对小伙伴们说："你们听说过弈秋的故事吗？"小伙伴们摇摇头，央求李大钊快点儿讲给他们听。

李大钊说："在古代，有一个人名叫弈秋，他棋术高明，当时有很多年轻人想拜他为师。弈秋收了两个学生。一个学生诚心学艺，听先生讲课从不敢怠慢，十分专心。另一个学生虽拜在门下，却并不下功夫。弈秋讲棋时他心不在焉，探头探脑地朝窗外看，想着天鹅什么时候才能飞来，飞来了就张弓搭箭射两下试试。两个学生同在学棋，同拜一个老师，前者学有所成，后者未能领悟棋艺。这是为什么呢？"

小伙伴们齐声说："因为第一个人学棋专心呀！"

"是呀！所以咱们要想学有所成，也要专心。"李大钊说。

两个小伙伴惭愧地低下了头，怪不得李大钊学得那么好，因为他读书真的很专心。以前听说李大钊家中的花猫因为他专心做作业从不理睬它，所以只要看到李大钊俯下身子看书或做作业，就躲得远远的，从不打扰他。这可不是传说，而是真有其事。

由于刻苦学习，李大钊十五岁就考中了秀才，十八岁考入天津北洋法政专门学校学习政治学与经济学。1913 年，他东渡日本，考入东京早稻田大学政治本科学习。1916 年回国后，他积极参与正在兴起的新文化运动。后来，他成为了中国共产主义的先驱、伟大的马克思主义者、杰出的无产阶级革命家，也是中国共产党的主要创始人之一。

　　李大钊英勇就义　1926 年 3 月 18 日，李大钊在极端危险和困难的情况下，积极领导并亲自参加了北京反对帝国主义和北洋军阀的集会抗议活动，号召人们用"五四"的精神、"五卅"的热血，不分界限地联合起来，反抗帝国主义的联合进攻，反对军阀的卖国行为。李大钊的革命活动遭到了北洋军阀的仇视，他们下令通缉李大钊。1927 年 4 月 6 日，奉系军阀张作霖勾结帝国主义，在北京逮捕李大钊等八十余人。在狱中，李大钊备受酷刑，但始终严守党的秘密，大义凛然，坚贞不屈。1927 年 4 月 28 日，北洋军阀政府不顾社会舆论的强烈反对和谴责，将李大钊等二十位革命者绞杀在西交民巷京师看守所内。临刑前，李大钊慷慨陈词："不能因为反动派今天绞死了我，就绞死了伟大的共产主义，共产主义在中国必然得到光辉的胜利。"他高呼"共产党万岁！"英勇就义，时年三十八岁。

毛泽东一生酷爱读书

毛泽东从小好读书。因为家在农村，平日里免不了要干农活，但不管多累，他每天晚上总是点着油灯看小说，《水浒传》《西游记》《三国演义》等就是这个时候读的。毛泽东的父亲发现他半夜点灯读书，害怕费油，不许他夜里读书，毛泽东就用被单把窗户挡上，不让父亲知道。他自己没钱买书，就跟亲戚朋友和邻居借着看。他的家乡韶山冲是一个非常贫穷、偏僻的地方，有书的人家很少，刚刚十岁，毛泽东就把附近能借到的书都读完了。他的私塾老师发现毛泽东虽然年龄不大，但是胸怀大志，是个人才，就劝说他父亲让毛泽东走出大山到外面读书。

毛泽东背着行囊来到长沙，第一次看到了山外的世界。湖南第一师范学校有大量藏书，长沙还有省立图书馆，里面的藏书非常丰富，毛泽东徜徉在书的海洋中，如鱼得水。毛泽东读书有几个特点：

一是数量多。有研究毛泽东的学者统计，毛泽东一生读过的书大概有两万多部，有些书还不止读一遍，例如：《共产党宣言》读了一百多遍，《资治通鉴》读了十六遍，《资本论》读了三遍，《左派幼稚病》和《两个策略》读了六遍，《联共党史》读了十遍，《社会学大纲》读了十遍，《经济学大纲》读了四遍。《西游记》《三国演义》《水浒传》《红楼梦》等古典小说，毛泽东更是从小读到老。而对于《红楼梦》，毛泽东读得更仔细，并且至少读过十种不同的版本。毛泽东曾说，《红楼梦》要读过五遍以上才能有发言权。毛泽东喜欢读书，是因为他认为，有了学问，好比站在高山上，可以看到很远很多的东西；没有学问，如在暗沟里走路，摸索不着，那会苦煞人。

二是专心致志。毛泽东读书非常用心，为了磨炼自己读书的意志，训练专心读书的恒心，他特意到最喧闹的地方去读书。他常常坐在闹市口看书，通过这样的磨砺，他可以在任何环境下静心学习，无论是在战争年代的隆隆炮声中，还是在新中国成立后外出视察的旅途中，他都能不受外界干扰用心阅读。例如 1956 年的一次视察，毛泽东共带了七十六类三百多册书，其中马列主义书籍三十本，历史书籍一百七十本，中文刊物一百多本。在旅途中，他不顾列车颠簸，一手拿着放大镜，一手按着书页，读得专心致志。

三是珍惜时间。自少年时代起，毛泽东就善于挤时间看书学习。新中国成立后，他日理万机，按说可以少看些书了，抽空休息休息，可他照样争分夺秒地学习各种知识。他的居室里摆满了书，办公桌、饭桌、茶几上到处都是书，床上除躺卧的位置外也全都被书占领，连厕所里也摆放着书。他利用上厕所的时间，把《昭明文选》等书断断续续地看完了。有一次，毛泽东生病发高烧，医生不准他看书。他难过地说："我一辈子爱读书，现在你们不让我看书，叫我躺在这里，整天就是吃饭、睡觉，你们知道我是多么的难受啊！"工作人员不得已，只好把拿走的书又放回他身边，毛泽东这才高兴地笑了。直到病重临终之前，毛泽东仍然保持着对读书的热爱。据医疗

好学
卷

护理记录，在 1976 年 9 月 8 日这一天，也就是毛泽东去世的前一天，他大部分时间是昏迷的，但看文件、看书共十一次，达两小时五十分钟。其中有一次在工作人员的帮助下看了七分钟的书，就又昏了过去。十多个小时后，毛泽东就与世长辞了。他的一生没有辜负他自己说的话，"我一生最大的爱好是读书"，"饭可以一日不吃，觉可以一日不睡，书不可以一日不读"。

四是读书必动笔。在毛泽东读过的书页上，到处都有他留下的阅读符号，如竖线、横线、斜线、波浪线、三角、方框、圈、点、勾、叉及问号等。有些符号不止圈画一次，而是杠上加杠、圈外画圈。毛泽东所留下的批注大多写在书页的天头、地脚、页边、中缝或字旁行间，记录了他的读书心得或评论。例如，他读《伦理学原理》，曾在书页上写有一万两千多字的读书批注。在《毛泽东哲学批注集》中，毛泽东留下的总字数为两万七千多字。1993 年，中

格言

多少事，从来急，天地转，光阴迫，一万年太久，只争朝夕。

——毛泽东

央文献出版社出版了收集有毛泽东阅读四十部文史古籍所留下批注的《毛泽东读文史古籍批语集》。这本批语集计有批语三百多处，共有六千七百多个字符。其中对十六部文学书的批语七十五处，计两千四百多个字符；对二十四部史学书的批语二百三十多处，计四千两百多个字符。

五是读书有独立思考。孟子说"尽信书，则不如无书"，意思是说，对书里的话不可迷信，要有自己的思考和判断。毛泽东读书就非常有独立见解，善于独立思考，不盲从书里的记载。例如，在《〈伦理学原理〉批语》中，他就曾批评中国历来学而不思的陋习："吾国二千年之学者，皆可谓之学而不思。"毛泽东喜欢读历史，但他又说："二十四史，大半是假的，所谓实录之类，也大半是假的。"他还曾经说："才不胜今人，不足以为才；学不胜古人，不足以为学。"可谓雄视千古，胸怀大志。

六是学以致用。毛泽东不赞成闭门造车，反对空疏的学风。他曾说："闭门求学，其学无用。"他赞赏古人"读万卷书，行万里路"的学习之道。汉代司马迁周览天下名山大川、开阔胸襟，写出了不朽的《史记》。1927年1月，毛泽东专程赴湖南考察湘潭、长沙等五县的农民运动，并写出了《湖南农民运动考察报告》。正是在长期、广泛和深入调查的基础上，毛泽东不仅为中国革命找到了动力和方向，而且在理论上提出了新民主主义革命的总路线，为中国革命的成功奠定了基础。他曾经总结说："没有满腔的热忱，没有眼睛向下的决心，没有求知的渴望，没有放下臭架子、甘当小学生的精神，是一定不能做，也一定做不好的。"

好学
卷

《资治通鉴》 是北宋著名史学家、政治家司马光及其助手历时十九年编纂的一部规模空前的编年体通史巨著，全书二百九十四卷，约三百多万字，记载了从战国到五代共一千三百六十二年的史实。其内容以政治、军事和民族关系为主，兼及经济、文化和历史人物评价，目的是通过对事关国家盛衰、民族兴亡的历史事件的描述警示后人。宋神宗认为该书"鉴于往事，有资于治道"，因此取名《资治通鉴》。

好学不倦的鲁迅

"没有伟大人物出现的民族，是世界上最可怜的生物之群；虽有了伟大人物，而不知拥护、爱戴、崇拜的国家，是没有希望的奴隶之邦。"这是现代著名作家郁达夫在《怀鲁迅》中对鲁迅的高度评价。

新中国的开国领袖毛泽东评价鲁迅是"中国文化革命的主将，他不但是伟大的文学家，而且是伟大的思想家和伟大的革命家。鲁迅的骨头是最硬的，他没有丝毫的奴颜和媚骨，这是殖民地半殖民地人民最宝贵的性格。鲁迅是在文化战线上，代表全民族的大多数，向着敌人冲锋陷阵的最正确、最勇敢、最坚决、最忠实、最热忱的空前的民族英雄。鲁迅的方向，就是中华民族新文化的方向，就是新生命的方向"。

鲁迅出生于绍兴的名门望族，周家大门上钦点的"翰林"匾额，就说明了周家当时的社会地位。少年鲁迅生活比较优越，他的爷爷和父亲虽然严厉，但是在对待鲁迅学习的问题上还算开明，没有一上来就让他读艰涩的"四书""五经"，而是让他先读历史，从《鉴略》开始，后来是《西游记》之类，都是小孩子比较感兴趣的书。鲁迅的

好学
卷

童年是幸福的。

从六岁开始，鲁迅进入"三味书屋"读私塾，这期间他迟到过一次。原因是他父亲病重，鲁迅一大早就去当铺换些钱，然后去药店买药，回来时老师已经开始上课了。老师生气地说："十几岁的学生，还睡懒觉，上课迟到。下次再迟到就别来了。" 鲁迅没有为自己辩解，低着头默默回到自己的座位上。第二天一大早来到学校，他在书桌右上角用刀刻了一个"早"字，下定决心以后无论如何不再迟到了。后来，家里发生很多变故，祖父遇到了牢狱之灾，父亲得了重病，当铺和药店是鲁迅经常奔走的两个地方，周家的生活也从小康陷入困顿，小小的鲁迅不得不分担一些家庭的重担。但是不管多忙，鲁迅都会按时到私塾去上课，再也没有迟到过。十七岁时，鲁迅离开家乡，到南京江南水师学堂读书。在这里，他依然勤奋刻苦，第一学期考试就取得了优异成绩，获得了一枚金质奖章。他立即拿去卖掉，然后买了几本书，又买了一串红辣椒。时值寒冬，学校没有取暖设施，读书时冻得浑身发抖，他就用辣椒驱寒。他摘下一个辣椒放在嘴里咀嚼，直辣得额头冒汗。

鲁迅平日里惜时如金，在他眼中时间就如同生命。别人很奇怪他怎么有时间读那么多书，他说时间就像海绵里的水，只要愿挤，总还是有的。他痛恨浪费别人时间的人，说："倘若无端的空耗别人的时间，其实是无异于谋财害命的。"对于那些成天东跑西颠、说长道短的人，鲁迅更是厌恶。在他忙于工作的时候，如果有人来闲聊天，即使是好朋友，他也会毫不客气地说："唉，你又来了，就没有别的事好做吗？"有人曾经说，鲁迅的脑子就是万有文库，取之不尽，用之不竭。鲁迅有很高的天赋，但是更重要的是他好学不倦，十分注意读书方法。有一次，他在指导现代名人许寿裳的儿子时说，读书不应无重点地乱读一气，什么书都去涉猎；就是同一

格言

时间就像海绵里的水，只要愿挤，总还是有的。

——鲁　迅

本书，也不必每章每节都读，而是要有所侧重。比如《抱朴子》，《内篇》宣扬神仙方药、鬼怪迷信，是错误的，可以不读；而《外篇》论述人间得失、褒贬世事，有不少正确的言论，应重点读。如果平均用力，就会浪费很多时间和精力。

鲁迅并不是只会读书的"文弱书生"。他在南京读书的时候，就已经非常注意锻炼身体、增强体质。鲁迅那时已经抱定了"我以我血荐轩辕""俯首甘为孺子牛"的宏伟志向，而只有身强体壮才能为国家做贡献，所以他从不间断体育锻炼。他最喜爱的运动是骑马，一有空闲，他常常会约上几个好朋友去野外骑马，并自称"戎马儒生"。

鲁迅在青少年时代奠定了深厚的知识基础，所以等到他中年开始文学创作的时候，厚积薄发，一发而不可收。他的文学作品一开始就很成熟，没有生涩之感，而且思想深邃，影响了中国新文化运动和现代文学的走向。

　　私塾　是中国古代私人办的学校，产生于春秋时期，孔子是开山鼻祖，此后两千余年延绵不衰，一直持续到清朝末年。私塾教授的主要内容是儒家思想。私塾有多种：有老师自己办的教馆、学馆、村校，有地主、商人设立的家塾，还有属于用祠堂、庙宇的地租收入或私人捐款兴办的义塾。它与官学相辅相成，共同为中华传统文化薪火相传，培养人才，做出了不可磨灭的贡献。

好
学
卷

郭沫若机智对对联

　　中国现代著名学者、文学家郭沫若，从小在家中私塾"绥山山馆"读书。他聪明机灵，经常获得私塾先生的夸奖，但是有的时候也会因为淘气而让先生很生气。

　　有一次，郭沫若与小伙伴们一起在附近的一座寺庙外面玩耍。大家跑来跑去，累得口干舌燥。突然，有个小朋友发现庙里的大桃树探出的枝杈上，挂着几个又大又红的桃子。"干脆我们去摘桃子吃吧！又解渴，又解饿。"有人提议。"好！"大家齐声响应。于是有的翻墙，有的钻洞，行动迅速，大家溜进了庙里，把树上的桃子吃掉了不少。"老和尚来啦！"孩子们一哄而散地逃跑了。老和尚年龄大了，跑得气喘吁吁，哪里追得上他们。但是他知道，肯定是"绥山山馆"的孩子们来淘气的，因为这已经不是第一次了。老和尚气得马上找到"绥山山馆"的先生，狠狠地给孩子们告了一状。

　　第二天，先生怒气冲冲地责问到底是哪些孩子去偷桃子了。孩子们互相看看，不敢说话，但也不肯招认。先生想了想，大声说："我出一副对联，如果你们当中有人能够对上下联，我就不罚你们了；

如果没有人对上，每个人都要挨板子，一个不饶！"学堂里一片唉声叹气，孩子们想，这顿板子估计是逃不掉了。先生有意教训他们，说："昨日偷桃钻狗洞，不知是谁？"孩子们一片茫然，有人说："您不是刚才问过了吗？不是说对上对联就不罚了吗？"先生气得啼笑皆非，大声说："我的上联是：昨日偷桃钻狗洞，不知是谁？"郭沫若猛然站了起来，朗声说："他年攀桂步蟾宫，必定有我！"然后，狡黠地看着先生。

先生看着这个机灵的孩子，心想："不错！不错！古人经常用'攀桂''步蟾宫'来比喻考中状元或形容人有所作为。这个孩子不仅机智，而且诙谐，暗暗承认了昨天偷桃子的错误，同时又表示自己将来会大有作为。不错！不错！"

先生似乎又回到了半年前，那是他第一次打郭沫若板子。郭沫

格言

读不在三更五鼓，功只怕一曝十寒。

——郭沫若

若年少聪慧，主动要求去私塾学习，但是仅仅上了四天课，他就忍不住淘气逃学玩耍去了。郭家的家教很严，郭沫若不仅被父亲斥责回到了私塾，就是小伙伴们也纷纷奚落他，叫他"逃学狗"！郭沫若不甘受气，开始在学堂里捣乱。于是先生高声说："不打不成人，打到做官人！"说着高高地举起板子痛打郭沫若，不仅打肿了他的手，还把他的头打起了包。郭沫若却从此真的开始好好学习了——真是一个不打不成才的孩子。

先生收回自己的思绪，看着眼前偷偷地用眼睛瞄着自己的郭沫若，从心底喜欢这个机灵聪明的孩子，但是他没有表现出来，而是沉下脸来，大声说："为人做事，仅仅有远大的志向是不够的，首先要有高尚的品质。做人要光明磊落、诚实不欺，不怕犯错误，就怕不能知错就改。唯有如此，才能不断进步，才能不断求取新的知识。唯有谦虚正直，才能真正成为有成就的人。这是大智慧。而一味狡黠，只是小聪明呀！"

郭沫若翻然醒悟，向先生鞠了一躬，真心诚意地大声说："谢谢先生的教诲，我知道错了，我记住了！"从此，郭沫若更加专心学习，将全部心思都放在了对知识的求索中，最终成为了著名的文学家、剧作家、诗人、历史学家、古文字学家、书法家，一生著述颇丰，是开一代新诗风气之大家。

　　《女神》　是一部现代诗集，是郭沫若新诗的代表作。其收入郭沫若1919年到1921年之间的主要诗作，连同序诗共五十七篇，多为诗人留学日本时所作。其中代表诗篇有《凤凰涅槃》《女神之再生》《炉中煤》《日出》《笔立山头展望》《地球，我的母亲！》《天狗》《晨安》《立在地球边上放号》等。在思想内容上，《女神》热情歌颂了反帝反封建和反抗一切旧势力的革命精神，表达了对光明的向往，鲜明地体现了"五四"狂飙突进的时代精神。在艺术上，《女神》是中国浪漫主义新诗的开山之作，开拓和形成了浪漫主义新诗流派，以鲜明的浪漫主义风格独树一帜，其强烈的感情、唯美的艺术形象等对当时和后来的浪漫主义诗人产生了重要影响。在诗歌形式上，《女神》是自由体诗的一个高峰，为诗歌的革新和创作树立了榜样。它完全冲破了旧诗格律的束缚，诗节、诗行长短无定，韵律无固定格式。《女神》是中国新诗的奠基之作。

从杂货铺走进清华大学

在江苏太湖边上有一个名叫金坛的小县城，城里有一家小杂货铺。这家小杂货铺的生意不错，就是在下雪天也有顾客上门。

杂货铺人来人往，杂货铺的男主人、他的妻子和小孩子都在店里忙碌。不过，这个十来岁的小孩子一边忙，一边还在柜台上写写算算，有的时候还在发呆，没有专心在卖东西上。

一个顾客走进来，着急地问："扫帚多少钱一把？"

孩子头也不抬，脱口而出："85652。"

"多少钱？"

"85652。"

顾客吃惊地叫了起来："什么！一把扫帚这么贵？"

孩子的父亲、店铺的男主人听见了，赶忙走出来招呼客人。可是，那位顾客一气之下骂了几句，扭头走了。

父亲转过头去看着不知所措的小孩子。原来，孩子随口说的是他正在演算的一道数学题的答案，而不是顾客问的价钱。

父亲火冒三丈，从儿子手里抢过写着数学题的纸，大声训斥

道："不好好招呼顾客，整天看书有啥用？"

孩子睁大了眼睛，惶恐地看着父亲。

"你还要吃饭吗？把这些破书、破题都撕了！"说着，父亲就要撕。小孩子满眼是泪，舍不得自己的东西。

母亲心疼孩子，出来阻拦："也不是这一两天啦。不是总是这样嘛！让他学吧，也许能学出点儿名堂来呢！"

这个孩子以后真的学出了大名堂，他就是后来成为中国数学大师的华罗庚。

就是在这个小小的杂货铺里，华罗庚不仅度过了自己的少年时代，还度过了自己初中毕业后失学在家的自学时期。

白天，他在卖货的间隙，埋头读书、计算。纸太贵了，他舍不得买，就用包装在货物外面的废纸写。夜晚，杂货铺关门了，他顾不上吃饭，点上小油灯，继续攻读数学。父亲的埋怨，母亲的心疼，他都听不见，在他的眼睛里只有数学的世界。

有一年冬天，天气特别冷。他把被子披在身上专心地读书。屋里冷得连笔都写不出字了，他哈着气捂暖了钢笔继续写。他的父亲从小屋经过，看着跳跃的小油灯，听着儿子的咳嗽声，特别心疼。他推门进去："华罗庚，早点儿睡吧。天天算，夜夜算，能算出什么呀，把身子都熬坏啦。"华罗庚嘴里答应着，可并没有抬眼睛，

手里的笔也没有停下来。他的父亲叹了口气，心想："这个孩子，八成是读书读傻了吧，真是没办法。让他的妈妈给他送碗热汤吧。"从父亲离开到母亲端来热汤，再到热汤变得冰冷，华罗庚都没有离开座位，依然在算着。

就这样，整整五年，他每天坚持自学十个小时以上，有时候，一天只睡四个小时。就在这个小杂货铺里，他自学了高中三年和大学的全部数学课程。后来，他写了一篇名为《苏家驹之代数的五次方程解法不能成立之理由》的论文，邮寄给《科学》杂志，并在杂志上发表了。这一年，他才十九岁。因为这篇论文的成功，他被清华大学请去任教。

从此，中国乃至世界数学界知道了华罗庚这个名字。他为中国数学的发展做出了无与伦比的贡献，是中国解析数论、矩阵几何学、典型群等多方面研究的创始人和开拓者，被誉为"中国现代数学之父"。

格言

在寻求真理的长征中，唯有学习，不断地学习，勤奋地学习，有创造性地学习，才能越重山，跨峻岭。

——华罗庚

华罗庚数学对联 1953 年，中国科学院组织出国考察团，由著名科学家钱三强任团长，团员有华罗庚、张钰哲、赵九章、朱冼等人。途中闲暇无事，华罗庚出上联一则："三强韩、赵、魏"，求对下联。这里的"三强"既是指战国时期韩、赵、魏三个诸侯国，却又隐含着代表团团长钱三强同志的名字，所以在对下联时，不仅要解决数字联的传统困难，而且要求在下联中嵌入另一位科学家的名字。隔了一会儿，华老见大家还无下联，便将自己的下联揭出："九章勾、股、弦。"《九章》是中国古代著名的数学著作；可是，这里的"九章"又恰好是代表团另一位成员、空间物理学家赵九章的名字。华老的妙对使满座为之喝彩，因为这又开辟了数字联的新 "对例"。

当皮氅买书的朱自清

现代作家朱自清的散文朴素缜密，语言洗练，文笔清丽，极富有真情实感。他以独特的美文艺术风格，为中国现代散文增添了瑰丽的色彩，为建立中国现代散文全新的审美意境创造了具有中国民族特色的散文体制和风格。

朱自清从小就非常喜欢读书。考入北京大学以后，他最喜欢的地方就是琉璃厂一带的书店。一天，他又像往常一样，在琉璃厂的一家书店里看书。忽然，一本新版的《韦伯斯特大字典》映入他的眼帘，他眼前一亮，真是一本好书。他翻开定价一看：十四元。对于正在读书的学生来说，这是一个不小的数目。朱自清知道，一本字典，不可能像其他书一样让他在书店里读完，而且这么好的字典，很快就会被卖光。他自己没有这么多钱，但是又实在舍不得不要这么好的书。他下定决心，一定要买这本书。于是，他叮嘱书店的伙计，一定要给自己留着这本书，然后匆匆赶回学校。

翻弄着自己的箱子，朱自清实在没有什么值钱的东西可以当出钱来。找来找去，唯有压在箱子底下的一件皮大氅还值一些钱。但

格言

吾生也有涯，而知也无涯。

——庄　子

是，这件皮大氅是父亲在朱自清结婚的时候，专门给朱自清定做的：水獭领，紫貂皮，质量特别好。更为重要的是，这是父亲的一片心意，朱自清打心儿眼里舍不得当掉。他抚摩着皮大氅上光滑的皮毛，仿佛又看见父亲和蔼、慈祥的笑脸。这件皮大氅自己一直舍不得穿，生怕弄坏了。朱自清又在箱子里翻腾起来，但是实在找不出一件值钱的东西了。那本《韦伯斯特大字典》仿佛就在朱自清眼前晃动，他一咬牙，拿起皮大氅冲了出去。

来到当铺，朱自清把皮大氅放在柜台上。伙计问他想当多少钱，朱自清毫不犹豫地说当十四元，这就是《韦伯斯特大字典》的价钱。朱自清一心想买这本书，根本没有想到要多当钱。伙计自然高兴，二话不说，就给了朱自清十四元。因为他知道，这件紫貂皮大氅远远不止这个价钱呀！这可是个赚大发了的买卖！朱自清可没有想那么多，他拿起钱立刻赶往琉璃厂。

当他回到琉璃厂的书店里，发现那本《韦伯斯特大字典》依然好好地躺在书架上，他非常开心，马上付了款，把这本心爱的字典带回了宿舍。

回去以后，他跟同乡的同学说起自己买了《韦伯斯特大字典》，还说自己是当了紫貂皮大氅才买下了这本字典。当同学得知他把这件大氅仅仅当了十四元后，笑他是一个书痴。朱自清毫不在意，只是一笑而过。

同学想到朱自清一向如此：小时候他就不买任何零食，把自己的零用钱攒起来买书看。家乡的几个书店的老板都认识朱自清，因为朱自清有钱就买书，有空就读书，不仅是书店里的常客，而且特别被书店老板喜欢。好几个老板不仅让朱自清在店里读书，还经常允许他把书带回家去，先读书，有了钱再付款。来到了北京，朱自清喜欢读书的习惯一直没有改变。他不仅是琉璃厂书店的常客，有好几次为了能够读到好的佛经，他还跑到西郊卧佛寺、鹫峰寺去买，甚至冒着大雪跋涉数十里，感动得寺院的和尚把书送给了他。他的同学想到这些事情，不禁叹了口气："你这个书痴，为了读书，你真是什么都不在乎呀！"

大学毕业后，朱自清回到了南方。天气暖和，他自然没有想起这件皮大氅。后来，他被聘为清华大学中文系教授，又回到了北京。天气寒冷，朱自清自然想起了那件皮大氅。但是，由于他总是买各种各样的书，实在舍不得花钱赎回大氅，甚至舍不得花钱缝制一件像样的棉袍。最后，他就在街上买了一件马车夫常穿的毡披风御寒，那件大氅再也没能赎回。就是这种对于书籍的痴迷，造就了一代文学大家。

知识链接

《背影》 是纪实散文，朱自清作于1925年10月。《背影》描述了在家庭遭变故的情况下，父亲送别远行儿子的经过。文章通过朴素真切的语言，表现了父亲的一片爱子之心和儿子对父亲的感念之情，是中国现代散文史上的名篇。作者写出的真挚、深沉、感人至深的父子之爱，不仅是符合中华民族伦理道德的一种传统的纯真而高尚的感情，而且父子互相体贴，特别是父亲在融会了辛酸与悲凉情绪的父子之爱中，含有在厄运面前的挣扎和对人情淡薄的旧世道的抗争——虽然这只是一种怨而不怒式的抗争，但也会引起人们的同情、感叹乃至强烈的共鸣。

好学卷

水滴石穿

竺可桢是中国当代著名的气象学家、地理学家，是中国物候学的开拓者。他在小时候，热爱学习，注意观察，特别喜欢动脑子。

有一天，阴雨绵绵。竺可桢蹲在自家的屋檐下，数着从屋檐滴落的雨滴。滴答！滴答！滴答！……竺可桢仰头看着雨滴，一点儿也不觉得乏味，反而好像其中有很多乐趣。数着数着，他偶然低头，发现了一个有趣的现象：屋檐下的石板上有一排小小的坑，雨水从屋檐滴落下来，正好落在小坑里面。

这是怎么回事儿？

竺可桢抬头看看屋檐，低头看看小坑，再看看滴下的水流，想了又想，怎么也弄不明白是怎么回事儿。他只好跑回家中向母亲请教。

竺可桢的母亲性格温和又有文化，她看到竺可桢跑进门，就问他："怎么啦？你不是最爱看下雨吗？又发现什么了？"

竺可桢把自己的疑问告诉了母亲。

母亲一边抚摩着竺可桢的头，一边耐心地解释："你看到的就是古语说的'水滴石穿'呀！"

"水滴石穿？可是水多柔软呀，那个石板可硬了。有一次我不小心摔在上面，腿都磕破了，可疼呢。水怎么可能把石头弄穿？"竺可桢有些不明白。

母亲继续说："是呀！一滴水虽然小小的，软软的，看着没有什么。没有棱角、没有力气，砸在手上一点儿也不痛。但是，天长日久，月月滴在石板上，年年滴在石板上，就能在石板上滴出小坑来。水滴石穿就是比喻只要坚持不懈，只要有恒心，不断努力，持之以恒，事情就肯定能成功。"

竺可桢有点儿听不明白。但是，他抬眼从窗子望出去，看着一排被水滴出来的小坑，有些迷惑，也有些触动。

母亲继续说："你还记得你的学名'可桢'是怎么来的吗？"

竺可桢立刻回答："是父亲和私塾先生一起给我起的名字。"

"那'桢'字怎么讲，你还记得吗？"母亲继续追问。

竺可桢流利地回答："'桢'有两个意思。第一个意思是坚硬的木头；第二个意思是古代打土墙时所立的木柱，也就是支柱，用来比喻能担当重任的人。"这是母亲经常问的问题，所以竺可桢对答如流。他顿了一下，不用母亲再问，就继续流利地接着说，"'可桢'的寓意，就是期望我能够成为国家的栋梁之材。但是，这和水滴石穿有什么关系呢？"

竺可桢的母亲说："你要知道，要想成为一个有用的人，就要从小事做起，严格要求自己。最重要的是，要能够持之以恒，时时努力、天天努力、月月努力、年年努力，才能取得成就。就像这雨滴一样，不断地滴、不断地滴，总会有一天把石板滴出坑，把石头滴穿呀！孩子，你明白了吗？"

竺可桢点了点头，从此以后，"水滴石穿"成为了他的座右铭，直至他上了大学以后，依然把"水滴石穿，天就必成"作为格言，贴在宿舍最明显的地方，时刻提醒自己坚持学习、自律勤奋。

凭借着自己长时间的努力，竺可桢取得了巨大的成就。他先后创建了中国大学中的第一个地学系和当时的中央研究院气象研究所。新中国成立后，他为祖国气象事业的发展做出了卓越贡献。

格言

近代科学的目标是什么？就是探求真理。

科学方法可以随时随地而改换，这科学目标，

蕲求真理也就是科学的精神，是永远不改变的。

——竺可桢

物候学 是把气候或气象在各个时期的变化同自然界其他诸种现象联系起来进行研究的科学。实际上，物候学观察以生物现象为主要对象，所以亦称为生物季节学或花历学。例如，根据植物在各地的发芽、开花、展叶、红叶、落叶等时期的调查，可以对各地方的气候进行比较。对于动物则调查鸟的迁徙、各种动物的休眠、孵化、变态等时期变化。这可以说是一种生物钟，对于农业、预防医学等都有一定的意义。但是生物现象是在繁多复杂的环境条件下产生的，与某一气候因素不一定有因果关系，然而假如有平行的关系，就能显示高的相关系数，所以有关注的必要。物候现象可以作为环境因素影响的指标，也可以用来评价环境因素对于动植物影响的总体效果。在中国，现代物候学研究的奠基者是竺可桢。他在 1934 年组织建立的物候观测网，是中国现代物候观测的开端。在他的领导下，1962年，又组织建立了全国性的物候观测网，进行系统的物候学研究。为了统一物候观测标准，1979 年出版了《中国物候观测方法》，并逐年汇编出版《中国动植物物候观测年报》。

好学卷

闻一多读书成痴

闻一多是中国现代著名的诗人、学者。他出生在一个书香门第，自幼就酷爱读书。

一个夏日的午后，闻一多在专心地读书。

烈日当空，一动便挥汗如雨。屋外的树上，蝉在单调地鸣叫着，愈发让人困倦，很多人都在午睡。但是闻一多全然不顾，汗水湿透了他的衣服，他丝毫没有感觉，甚至舍不得扇扇子。因为他在一边读书，一边做笔记。这是一本非常好看的书，昨天他读到半夜，如果不是家人反复催促，他真想彻夜读完。今天一早，他就开始继续读，午饭吃的什么他几乎不记得了，只有书中的世界，让他流连忘返，无法自拔。

闻一多的侄子想趁家人不注意偷偷溜出去游泳。但是他自己不敢单独去，就跑来约叔叔同去。他在闻一多的耳边絮絮叨叨地说了几遍，闻一多嘴里哼了几声，但是一直没有动。侄子有些不耐烦了，又大声催促。闻一多随口说着："等一会儿！等一会儿！"侄子心里明白，这一等又不知道会等到什么时候。叔叔读起书来，是谁也劝不动的。

闻一多的嫂子心疼弟弟读书辛苦，特别熬了祛暑汤给他送来。掀开门帘，果然看见闻一多大汗淋漓地在读书。她刚要把汤端进来，突然看见一只大蜈蚣正趴在闻一多的脚上。她尖叫一声："蜈蚣！蜈蚣！有一只蜈蚣在你脚上！"

闻一多听到后一愣，莫非有人在跟自己开玩笑？因为他总是专心读书，家人时常跟他开类似的玩笑。于是，他动都没动，眼皮都没有抬。

站在一旁的侄子也发现了，真的有一只蜈蚣正在闻一多的脚上。他奋力一推，差点儿把闻一多推倒在地。闻一多踉跄了一下，低头一看，真的有蜈蚣。侄子找东西夹走了蜈蚣，嫂子这才松了一口气。

再看闻一多，他好像什么事也没有发生一样，又拿起书本，继续读起来。

格言

书要读懂，先求不懂。

——闻一多

闻一多读书成瘾，一看就"成痴"，真是闹了不少笑话。甚至在他结婚的那一天，也依然如此。那天，洞房里张灯结彩，热闹非凡。一大清早，几乎所有的亲朋好友都来登门贺喜。但是，直到迎亲的花轿快到家时，人们才发现，新郎哪里去了呢？大家到处找不到新郎，急得不知所措。还好，他的侄子大声说："叔叔不会又在读书吧！说不定在书房呢！"果然，人们在书房里找到了他。他仍穿着旧袍子，手里捧着一本书入了迷。

读书伴随了闻一多的一生，他不仅成为一位著名学者、诗人，而且成为一名伟大的爱国主义者和坚强的民主战士。

知识链接

《七子之歌》 是中国著名学者、诗人闻一多于1925年在美国留学期间创作的一组诗，全文共七首，象征被外国列强侵占的七处中国国土，即澳门、香港岛、台湾、威海卫、广州湾（广东湛江）、九龙岛、大连。我们常听的《七子之歌·澳门》，仅仅是七首之中的一首。《七子之歌》作于1925年3月，当时闻一多正在纽约。在诗中，闻一多以拟人的手法，将中国当时被列强掠去的七处"失地"比作远离母亲的七个孩子，哭诉他们受尽外国列强欺凌、渴望回到祖国母亲怀抱的强烈情感。诗歌一方面抒发了对祖国的怀念和赞美，一方面表达了对帝国主义列强的憎恶和谴责。

童第周的两个"第一"

童第周是享誉海内外的卓越的生物学家，但是谁又能想到，他曾经是年级里考试成绩最差的学生呢？

由于家贫，童第周十七岁才有机会到宁波效实中学读书。由于年龄大、基础差，他学习很吃力。虽然他学习很努力，但是在第一学期结束后，他的平均成绩才四十五分，被勒令退学。他恳求老师再给他一次机会，学校被他的诚恳所打动，答应他再跟班试读一个学期。

童第周深知这个机会来之不易，更加刻苦学习。

由于他天天学习到很晚，他所在的宿舍传出了童第周天天恋爱到深夜的流言。老师们既担心，又很失望。但是童第周没有辩解，依然刻苦学习。

谁知，因为成绩不好，又有流言蜚语，他在同学中备受冷落。上课的时候，没有人愿意与他同桌；吃饭的时候，没有人与他坐在一起；晚自习的时候，经常有人抢占他的座位；有的时候他回宿舍晚了，还经常被锁在外面。

好学
卷

童第周没有被困难吓倒，他想，别人能做到的，我也能做到；自己的基础差，就需要付出更多的努力。他发现学校附近的路灯下很安静，没有人打搅，虽然灯光有些昏暗，但是夜里不会熄灯。于是，他天天晚上坐在路灯下，把书本放在膝盖上，认真地学习。

一天深夜，一位数学老师在回学校的路上，发现昏暗的路灯下有一个消瘦的身影。他想："这是谁呀？怎么这么晚还不回宿舍休息？"

他轻轻走过去一看，原来是童第周正在借着路灯微弱的光，认真地演算数学题。灯光下，他极为专注，根本没有发现有人走近他。

这位老师站了一会儿，童第周没有发现他，只是沉浸在自己的学习中。老师实在忍不住了，轻声说："童第周，天晚了，早点儿回去休息吧！"

童第周吓了一跳，抬起头说："老师，我基础差，如果不努力，什么时候才能摘掉倒数第一的帽子呀！"

老师看着他憔悴的面容，想着听到的谣言，非常心疼，又劝了他一会儿。童第周嘴上虽然答应，但是依然在进行着数学演算。

　　一分时间，一分成果。对科学工作者来说，就不是一天八小时，而是寸阴必珍。

　　　　　　　　　　　　　　　　——童第周

　　老师只好走了，远远地回头望过去，童第周还在路灯下认真地写着，认真地算着。老师一阵感动，他理解童第周，更为他感到骄傲。

　　在第二天的课堂上，老师说："童第周是一个勤奋的好学生。大家不要再传播流言。我亲眼看到他不是在谈恋爱，而是在路灯下刻苦学习。他虽然现在是倒数第一，但我相信，他不会永远是倒数第一。天道酬勤，让我们一起努力吧！"

　　同学们知道真相以后，非常感动，纷纷帮助童第周。他不仅不再被孤立，反而成为了大家学习的榜样。

　　期末考试到了，童第周终于靠自己的努力，各科平均成绩达到了七十分以上，特别是几何获得了一百分，是全校唯一的满分。两年以后，他的总成绩是全年级第一。后来童第周在回忆这段往事的时候，感慨地说："两个'第一'，对我一生有很大影响。那件事使我知道自己并不比别人笨，别人能做到的，我经过努力也一定能做到。世上没有天才，天才是用劳动换来的。"

童鱼 是中国生物学家童第周教授与美国坦普恩大学牛满江教授合作，在生物遗传性状中的细胞核和细胞质相互关系的研究方面所取得的重大成果。长期以来，人们认为决定生物遗传性状的是细胞核内染色体上的基因。童第周教授则认为，细胞质对生物遗传性状也起着明显的作用，并提出生物的遗传性状是细胞核和细胞质间相互作用的结果。为了证实这一观点，他与牛满江教授进行了一系列实验。1976年5月，童第周和牛满江以蝾螈（两栖动物）和金鱼这两种不同纲的动物进行实验。他们把蝾螈细胞质的核糖核酸注射到金鱼的受精卵中，结果发现在三百八十多条小鱼中，竟有四条像小蝾螈一样长出了平衡器。这种具有特异性状的鱼，被人们赞誉为"童鱼"。童鱼的诞生，有力地证明了生物遗传性状是细胞核和细胞质相互作用的结果的观点，并开创了人类按照需要而进行人工培养新物种的先例，对培育动植物新品种具有重大意义。

打破沙锅问到底

汪德昭是中国当代著名的物理学家、中国水声事业的奠基人。他自幼天资聪颖，不仅勤奋学习，而且特别喜欢动手实际操作，对很多事情总想打破沙锅问到底，弄清楚"为什么"。

一年夏天，天气非常闷热，憋了好几天的雨。汪德昭在屋里看书，汗水顺着他的脸颊流了下来。他无暇去擦，仍然专心地读书。突然，电闪雷鸣。汪德昭突然想起不久前，大哥和同学一起讨论，说到陶瓷和木头都是绝缘体。汪德昭的脑子里也如同电闪雷鸣一般，猛然一亮。他赶紧跳上屋里的饭桌，手里高高地举起两个瓷茶杯，嘴里念念有词。他的这一疯狂举动，吓到了屋里所有的人。

这个孩子又在干什么呢？

汪德昭的爸爸赶快检查了一下自己的怀表。他想起来在不久以前，汪德昭偷偷地把爸爸的怀表拆开了，再度组装以后，发现多出了几个零件，怎么也装不上了。那只怀表最终彻底不能用了，爸爸只好又买了一只怀表，不过汪德昭却通过这次拆装，明白了钟表是靠发条松动来带动指针转动的。还好，这次遭殃的不是这只新怀表，爸爸轻轻地松了口气。

汪德昭的妈妈在头脑里闪现出了家里的很多东西，那个侥幸逃脱的大座钟，还有那支爆炸了的体温计。一次，家里买了一支体温计。汪德昭听说过，温度计可以测量温度。于是他端来了一杯开水，想看看体温计可以测出多少度。由于他不懂体温计和一般温度表的区别，不知道体温计只能测量35摄氏度～42摄氏度之间的温度，所以毫不犹豫地把体温计放进了开水杯。在进入开水杯的瞬间，体温计就爆炸了，吓了汪德昭一大跳。这个教训让年幼的汪德昭记了一辈子，认识到在做事之前，先要仔细地了解事物的特性，不能鲁莽行事。汪德昭的妈妈想到这些，仔细看了看周围，似乎没有发生什么危险的事情，她轻轻地松了口气。

汪德昭站在饭桌上高举着瓷茶杯的"英姿"，让全家笑弯了腰，这一举动在此后很长时间成为了家人的笑谈。或许在那个时候，没有人会想到这个喜欢动手、喜欢探讨问题的男孩子，有一天会为著名科学家居里夫人解决难题。

那是汪德昭在法国居里实验室工作时发生的事情。有一天，居里夫人拿着一件仪器非常发愁。居里夫人对汪德昭说，这是她天天要用的一个国产的仪器，其中最关键的一个部件是一根一微米（一微米即千分之一毫米）细的白金丝，长约四十五毫米。但是，这根白金丝断了。由于战争关系无法立刻购买到，可是居里夫人做实验实在离不开这个仪器，所以希望能够焊接上这根白金丝。好几个法国高级研究员试图焊接都失败了，居里夫人希望汪德昭尝试一下。

一微米细的白金丝，在一般的光线下看见都很不容易，更不要说焊接到实验仪器的铜柱上了。但是汪德昭没有拒绝，经过一番研究与尝试，他把一根镀上银的白金丝直接焊接在铜柱上，运用拉丝技术将银丝中间的白金丝的直径拉成一微米，然后用淡盐酸溶液将

治学有没有诀窍？那么我想，勤和恒就是最基本的诀窍。

——夏 衍

138

银丝溶掉。经过多次实验，终于把仪器修好了，居里夫人非常高兴。这件事情很快在巴黎科技界传开，很多人请求汪德昭帮助他们修理类似的仪器。直至数十年后法国科学家访华时，其中还有人提起这件事情，称赞汪德昭在第二次世界大战时为法国科学研究所做出的贡献。

汪德昭回国以后，他所从事的大气中大小离子平衡态的研究成果，被国际物理学界誉为"郎之万－汪德昭－布里加理论"。他开拓了中国国防水声学事业，制定了中国水声学的研究发展战略，为国家培养了一大批水声学研究人才，领导实施了水下预警体系，完成了多种国防和民用水声先进设备的研制，为中国海军建设和声纳现代化做出了卓越贡献。

　　华氏温标、摄氏温标　华氏温标是德国人华兰海特于 1714 年创立的温标。它以水银作为测温物质，定水的冰点为三十二度，沸点为二百一十二度，中间分为一百八十度，用"℉"表示。摄氏温标由瑞典人摄尔修斯提出，即在标准大气压下，把水的冰点规定为零度，把水的沸点规定为一百度，根据这两个固定温度点来对玻璃水银温度计进行分度：两点间分为一百等份，每一份称为一摄氏度，记作 1℃。

刻苦钻研的人

2003 年 2 月 27 日，在法国巴黎联合国教科文组织总部"欧莱雅联合国教科文组织世界杰出女科学家成就奖"的颁奖典礼上，中国女科学家李方华代表亚太地区获奖。在这一被誉为"女性科学界的诺贝尔奖"的重大科学奖项中，第一次写上了中国人的名字。

李方华院士此次是以其所从事的电子显微学研究而获奖的。她创造性地发展了高分辨电子显微学和电子晶体学的理论和分析方法，是中国单晶体电子衍射结构分析的开创者，也是中国建立并发展高分辨电子显微学的代表人物之一。在谈到自己的成长道路时，她感触最深的是：在人生的道路上要抓住机会，而要想抓住机会，唯有刻苦钻研。

"文化大革命"期间，李方华在中国科学院物理研究所学习。那时，全国的科学研究基本上都中断了，物理研究所也不能幸免。在长达两年的时间里，李方华都在干校或工厂里劳动。1973 年，当时的中国科学院物理研究所所长布置了一个任务，让她参加调研晶体学的发展动态。李方华高兴极了，因为这下她有机会看到国外关于高分辨电子显微学的资料和书籍了。利用这个机会，她从图书馆借了很多书。她在劳动的间隙看，一边做家务一边看，抱着孩子还在看。越看图书资料，李方华越发现自己的不足。很多资料是外文的，她根本无法阅读。为了科研，李方华开始学习外语。她把日语安排成早班，每天早上安排一到两个小时学习日语，然后赶去上班；把德语安排成晚班，下班后学习完德语才回家；把法语安排成夜班，每天不学完就不睡觉。这种学习外语的劲头，一直延续到"文革"结束后。她在四十岁以后开始学习英语，一边做饭一边还在背单词。加上她早期学的俄语，李方华共学习并掌握了五门外语。

无论是在"读书无用论"充斥的年代，还是在百废待兴的时代，李方华都没有停止过读书，这种坚持真的很可贵。但是，李方华更明白，科学研究不仅需要读书，更需要不断的实践。

当李方华得知北京器材厂正准备安装一台新引进的飞利浦EM400电子显微镜——这是在北京安装的第一台高分辨电子显微镜时，她特别期待参与这项工作，因为她知道，如果参与了安装工作，不仅会与相关人员合作更和谐，而且能在安装中学会操作，从而更有利于日后的研究应用。于是她向领导提出申请，主动要求参加安装工作。在被批准以后，她开始了艰辛的安装工作。先不要提安装工作的艰苦，就是每天的路途，李方华就需要花费一个半小时的时间乘坐公交车从家赶到北京器材厂。但是，李方华对此甘之如饴。她专心地与技术人员、荷兰专家以及工人一起安装。在安装过程中，她仔细观察各个部件的结构、调试方式、操作要领等。经过一个多月的努力，不仅成功安装了仪器，李方华还获得了每周一天的使用权。

这宝贵的每周一天的使用权，经过李方华的巧妙安排，将它变成了三天：早上八点，她准时进入实验室，开始使用高分辨电子显

微镜，第二天早上八点，再将钥匙交回。其间整整三个八小时工作日。为了充分利用这一机会，她二十四小时连轴工作，一分钟都舍不得耽误。这样的研究整整持续了三年，她不负众望，拿出了高水准的科研成果。

李方华深知：机会总会光顾思维敏锐、勤奋努力、有充分准备的人，刻苦钻研才能成就事业的成功。

格言

许多问题不是正儿八经地坐在那儿考虑能解决的。我经常把问题都装在脑子里，走路、做饭、洗衣服时都会考虑，说不定什么时候哪一个问题就解决了。投身科学就不能怕吃苦。八小时肯定不够，总想着八小时以外的潇潇洒洒可不行。

——李方华

　　联合国教科文组织　联合国教育、科学及文化组织是联合国专门机构之一，简称联合国教科文组织。该组织于1946年成立，总部设在法国巴黎。该组织的宗旨在于通过教育、科学及文化来促进各国间的合作，对和平与安全做出贡献，以增进对正义、法治及联合国宪章所确认的世界人民不分种族、性别、语言或宗教均享人权与基本自由之普遍尊重。为实现此宗旨，联合国教科文组织设置了五大职能：一、前瞻性研究：明天的世界需要什么样的教育、科学、文化和传播。二、知识的发展、传播与交流：主要依靠研究、培训和教学。三、制订准则：起草和通过国际文件和法律建议。四、知识和技术：以"技术合作"的形式为会员国提供发展政策和发展计划。五、专门化信息的交流。

译界楷模朱生豪

中国现代文学史上有一位伟大的翻译家，他叫朱生豪，1912年生于一个破落的商人家庭。五岁的朱生豪进入嘉兴开明初小读书，1921年以第一名的好成绩毕业。接下来他连遭不幸：十岁那年母亲病逝，十二岁那年父亲去世。人生有三大不幸，幼年丧父即为其中之一。失去父母呵护的朱生豪，在那个动荡的社会，生活的艰难程度可想而知。

在亲戚的帮助下，朱生豪依然勤勤恳恳、孜孜不倦地学习。十七岁那年高中毕业，他被保送到了杭州之江大学，因成绩突出享受奖学金待遇。大学二年级的时候，他参加了学校里的文学社团"之江诗社"。此时的朱生豪依然不善言辞，与人相处，半天说不出一句话，但是内蕴的才华不断显露；周围的老师和同学对他非常赞赏，"之江诗社"的社长夏承焘老师评价他说："阅朱生豪唐诗人短论七则，多前人未发之论，爽利无比。聪明才力，在余师友间，不当以学生视之。其人今年才二十岁，渊默若处子，轻易不发一言。闻英文甚深，之江办学数十年，恐无此不易之才也。"意思是说，朱生豪评论唐代诗人的一些观点，往往具有独创性，大多是前人不曾认识到的。朱生豪虽然才二十岁，但是这样的聪明才华，介于自己的老师和朋友之间，因此不应当把他当作学生看待。他的英语水平造诣极深，之江大学建校几十年了，像他这样的人才大概还没有第二个。这个评价是非常高的。

潜心学习的朱生豪并不是两耳不闻窗外事的书呆子，他很关心时事，关注国家命运。1931年"九一八"事变后，之江大学成立抗日救国会，朱生豪积极投入抗日救国活动。

1933年夏，二十一岁的他被聘为上海世界书局英文部编辑，参与编辑《英汉求解、作文、文法、辨义四用辞典》。1935年春天，二十三岁的他开始翻译莎士比亚戏剧，当时正赶上日本侵略中国，内忧外患，社会很不安定。1937年，他翻译了莎士比亚的《仲夏夜之梦》《威尼斯商人》《第十二夜》等九部喜剧。侵华日军进攻上海，他翻译出来的作品全部被焚毁。待局势稳定后，他重回上海谋生，在一家报社当编辑，抽空把以前被毁的译稿重新翻译出来。不幸的是，1941年日军查封报社，译稿再次丢失。朱生豪混在排字工人中间才得以逃脱，他多年创作的诗集《古梦集》《小溪集》《丁香集》等也不见了。朱生豪悲愤难抑，离开上海，先后在常熟和嘉兴居住。没有了工作，失去了养家糊口的薪水，但朱生豪的民族气节依然高昂，宁愿贫穷至死，也不愿为敌人效劳，仅靠微薄的稿费维持非常艰难的生活。生活条件虽然艰苦，但是他立下了宏伟志愿：要为中国留下一个难以超越的莎士比亚汉语译本。他闭门不出，重新开始翻译莎士比亚的《暴风雨》等九部喜剧，之后又潜心翻译莎士比亚的悲剧作品。至1944年，连年殚精竭虑的辛勤翻译和苦难的生活摧毁了他的身体，当翻译至第三十二部时，他一病不起。他悲痛地说，早知一病不起，就是拼命也要把莎士比亚的戏剧全部翻译出来。

好学卷

格言

书籍是全世界的营养品。生活里没有书籍，就好像没有阳光；智慧里没有书籍，就好像鸟儿没有翅膀。

——莎士比亚

他曾经自述："夫以译莎剧之艰巨，十年之功不可云久，然毕生精力，殆已尽于兹矣。"历经十年，心血耗尽，用他自己的话说，他每译一段，"必先自拟为读者，察阅译文中有无暧昧不明之处。又必自拟为舞台上之演员，申辩语调之是否顺口，音节之是否调和。一字一句之未惬，往往苦思累日"。这样的严谨与艰辛，确实难能可贵。不久，病情恶化，朱生豪抛下年轻的妻子和刚满周岁的儿子，含恨离开人间，年仅三十二岁。临逝之际，朱生豪依然充满激情地高声背诵着莎士比亚戏剧中的名句，吐血而死。

值得欣慰的是，朱生豪要为后世留下难以超越的范本的宏愿基本实现了。七十年过去了，有多个翻译家重译莎士比亚的戏剧，但是至今，朱生豪的译本仍然被公认为是最受欢迎的，也是最具神韵的。他用二十二岁到三十二岁这样充满才情、诗意、热情、血气方刚而义无反顾的精华岁月，倾尽心血翻译莎士比亚戏剧，其成就惊人，理所当然。有人认为，他翻译出的汉语版莎士比亚戏剧，甚至超越了莎士比亚戏剧英文原版的水平，是一次再创作。尤其令人难以置信的是，他翻译莎士比亚戏剧时，手上的参考书除了两本字典外一无所有，靠的主要是青少年时期积累的丰富的中英文知识。

　　1954年，作家出版社出版了朱生豪翻译的《莎士比亚戏剧集》。1978年，人民文学出版社出版《莎士比亚全集》，收录了朱生豪先生翻译的三十一部剧本。1987年，夫人宋清如将朱生豪的三十一部莎士比亚戏剧翻译手稿捐献给嘉兴市图书馆收藏。1989年，上海翻译家协会向朱生豪故居敬献了"译界楷模"的匾额。

知识链接

　　莎士比亚　是英国文艺复兴时期伟大的剧作家和诗人，是世界上最著名的大文豪之一。他给世人留下了三十七部戏剧，一百五十四首十四行诗，其中包括不朽的悲剧《哈姆雷特》《麦克白》，喜剧《威尼斯商人》《仲夏夜之梦》等脍炙人口的名篇。莎士比亚于1564年4月23日生于英国中部一个富裕的市民家庭。莎士比亚七岁开始上学，后来因为经商的父亲破产，他没能毕业，只好自谋生路。他当过肉店学徒，在乡村学校教过书，还干过其他各种职业，社会阅历非常丰富。莎士比亚成年的时候，戏剧正迅速地流行起来，他投身其中，做过马夫、杂役，还做过演员、导演、编剧。当时的剧坛为有牛津、剑桥背景的"大学才子"们所把持，一个成名的剧作家曾以轻蔑的语气写文章嘲笑已经成名的莎士比亚是"粗俗的平民""暴发户式的乌鸦"，但莎士比亚的戏剧却拥有越来越多的观众，深受人们的喜爱。莎士比亚用词高达两万个以上，极其丰富，大量运用比喻、隐喻、双关语，可谓集当时英语之大成。莎剧中的许多语句已成为现代英语中的成语、典故和格言。

好学卷

博学的钱钟书

  1929 年秋，清华大学迎来了一名个头不高、面容清瘦、目光炯炯有神的新生，他就是钱钟书。这个看似没有多少特殊之处的青年，很快就令清华大学的老师和同学们大吃一惊，虽然他入学考试时出众的中英文成绩给老师们留下了较深的印象，但是钱钟书后来的表现远远超出了老师们的预料。

  他在清华大学很快就赫赫有名了，出名的原因是他渊博的学识，尤其是他的中文、英文水平远远超过同辈，几乎没有哪个学生能比得上他，使不少同学佩服得五体投地。他读书并不局限于文学领域，而是涉及哲学、心理学、社会学等人文学科的各个领域。清华大学图书馆丰富的藏书使得嗜好读书的钱钟书如鱼得水，他曾经立下宏愿，要横扫清华图书馆，把里面的藏书全看一遍。勤奋好学使他在清华期间学业日益精进，1933 年钱钟书从清华外文系毕业，校长亲自告诉他要破格录取他留校，陈福田、吴宓等教授都去做他的工作，想挽留他，希望他进研究院继续研究英国文学，为新成立的西洋文学研究所增加光彩。但他一口拒绝了，为了真正能够更好地研究西方文化，他有自己的打算。

　　毕业后不久，钱钟书携新婚的妻子杨绛负笈英伦，到牛津大学深造。在这里，他接受了良好的学术熏陶，两年后赴法国巴黎大学从事西方文化研究，一年后回国，被清华大学破例聘为教授，当时只有二十八岁。钱钟书先生虽然学贯中西，但是爱国之情浓厚，从无崇洋媚外的思想。早在 1945 年，一位友人就在一篇记述钱钟书的文章中写道："他为人崖岸有骨气，虽曾负笈西方，身上却不曾沾染半点儿洋进士的臭味，洋文读得滚瓜烂熟，血管里流的则全是中国学者的血液。"

　　钱钟书回国后，潜心读书研究，惜时如金，不愿浪费光阴于走亲访友，也不喜欢别人来访打扰自己，这一习惯延续终生。有一年春节，一位高层领导去看望他，他只开了个门缝，露出脑袋说："我很忙，谢谢！我很忙，谢谢！"然后就关了门，把人拒之门外。

　　"文革"期间，有关部门通知钱钟书去参加一次国宴活动。在

格言

人的知识愈广，人的本身也愈臻完善。

——高尔基

一般人看来，能参加国宴是很高的荣誉，钱钟书却回复说："我不去，哈！我很忙，我不去，哈！"来请他的人觉得没法交差，就以实情相告，说："这是江青同志点名要你去的。"

"哈！我不去，我很忙，我不去！"

"那么，我可不可以说你身体不好，起不来？"

150

"不！不！不！我身体很好，你看，身体很好！哈！我很忙，我不去，哈！"他真的就没有去。

钱钟书的博学与他潜心读书是密不可分的。据他的一些同事回忆，在20世纪50年代，钱钟书早已是闻名遐迩的大学者了，可是，他们每次进入线装书库，几乎都会见到钱钟书。钱钟书拿着铅笔和笔记本，不断地翻检书籍，不断地抄录、做笔记，许多线装书的借阅卡上只有钱钟书一个人的名字。他偶尔在那里向年轻人介绍各类古籍，如数家珍。钱钟书不仅精通英文、法文、德文、意大利文及拉丁文、西班牙文，而且对西方古典的和现代的文学、哲学、心理学以至各种新兴的人文学科，都有很高的造诣和透辟的理解。

很多人说钱钟书有过目不忘的才能，其实，他根本不承认自己有这个能力。他的诀窍是肯下功夫，不仅读，还做笔记；不仅读一遍两遍，还会读三遍四遍，笔记上不断地添补。所以他读的书虽然很多，也不易遗忘。他做的外文笔记共一百七十八册，还有打字稿若干页，全部外文笔记共三万四千多页。中文笔记和外文笔记的数量大致相同，此外还有日札二十三册、两千多页。

凡是钱钟书的朋友、同事或学生，或者哪怕是仅仅与他交谈过一次的人，都会对其学问之广博、思维之深刻、反应之敏捷、悟性之高、记忆力之强，叹为观止。有一次他到意大利参加国际学术会议，对于西方一些不太出名的诗人的诗，都能随口吟诵出来，这让西方学者惊叹不已。他们简直把钱钟书视为中国文化的象征。有外国记者曾说，"来到中国，有两个愿望：一是看看万里长城，二是见见钱钟书"。

钱钟书的勤奋源自于他的人生观。他在一篇文章中说："人生据说是一部大书。假使人生真是这样，那么，我们一大半作者只能算是书评家，具有书评家的本领，无须看得几页书，议论早已发了

151

好学卷

一大堆，书评一篇写完交卷。"他不想荒废人生，所以珍惜每一天、每一分钟，才有了如此卓越的成就。他的成就再一次雄辩地说明：勤奋，唯有勤奋，才是实现和完成天才的真正必要条件。

知识链接

《管锥编》是钱钟书先生的学术代表作，是他在研读《周易正义》《毛诗正义》《左传正义》《史记会注考证》《老子王弼注》《列子张湛注》《焦氏易林》《楚辞洪兴祖补注》《太平广记》《全上古三代秦汉三国六朝文》十种古籍时，所做的札记和随笔的总汇。书中打通时间、空间、语言、文化和学科的壁垒，有诸多新颖的观点，被认为"开拓万古之心胸，推倒一时之豪杰"。书中引用了中西方四千位学者的上万种书籍，内容所论除文学外，还兼及几乎全部的人文学科，在海内外学术界引起了重大反响。

"双王" 钱学森

钱学森是幸运的，因为他有一位具有远见卓识的父亲和知书达理的母亲，使他受到了良好的教育。在没有上学之前，母亲就开始在家里教他读书、识字，钱学森自幼便养成了勤奋学习的好习惯。每天清晨，不用母亲催促，他自己会按时起床。早饭后，他就开始跟随母亲背诵唐诗，累了就看一些轻松的儿童读物，下午或者画画，或者练习毛笔字，每日如此，从不间断。他在三岁时已能背诵上百首唐诗、宋词，还能心算加减乘除。邻居们都很惊讶钱家出了个"神童"。其实，神童是父母精心培育和良好家庭氛围熏陶的结果。

上学后，钱学森的成绩一直名列前茅，他的勤奋好学是出了名的。考入大学以后，钱学森像许多有志青年一样，看到积贫积弱的祖国，决心学习西方先进的科学技术，实现"科技救国"的理想。他记得孙中山先生在《建国方略》里，为中国未来铁路建设勾画的宏伟蓝图，决心像著名铁路工程师詹天佑那样，投身祖国的铁路建设。为了实现这一理想，上海交通大学的图书馆是他每天必去的地方，一是读报， 二是看书，主要是科技类书籍。"九一八"事变

好学
卷

发生后，钱学森亲眼目睹了十九路军将士在上海英勇抗击日寇的壮烈场面。他认为，中国要战胜日寇，仅仅靠军人的英勇是不够的，还要有强大的现代化武器，要自己学会制造飞机。此后，他特别专注于阅读航空工程方面的书籍，他的志趣从设计火车头逐渐转向发展航空事业，有关飞艇、飞机、航空理论的书都借来读，其中包括飞机空气动力学理论方面的书籍，这正是他后来终身从事的专业。如果没有大学时期宽广而深厚的知识积累，他可能不会进入空气动力研究领域，那么，新中国成立后中国的"两弹一星"就不可能那么快上天，可能要推迟若干年。大学四年中，报效祖国的崇高理想时刻激励着他刻苦学习，博览群书，取得了优异的成绩。《分析化学》课本，他能从第一页到最后一页一字不落地背诵下来，其勤奋用功程度可见一斑。用钱老自己的话说："没有图书馆，就没有我钱学森。"

1935年，钱学森在麻省理工学院航空系学习，面对某些美国同学傲慢地讥笑中国愚昧落后，他不服气地挑战说："中国现在是比你们美国落后，但作为个人，咱们人比人，你们谁敢和我比试？"后来，只用了一年时间，他就获得了航空硕士学位，为中国人争了气。钱学森说："我不会过高地估计我自己，但是我也不能低估我自己。我只是希望脚踏实地学习科学技术知识，以便将来为我们的国家做出自己的贡献。"他时常告诫自己，要随时保持"报效祖国"的远大目标，学习要努力，做事要有始有终。他为了使自己避免随波逐流，避免陷入平庸，他做了以图书为友，以艺术为友的选择。

钱学森废寝忘食地读书，立志读完全世界当时所有的力学著作。整整三年，他心无旁骛，埋头研读，每天坚持十二个小时以上，终于实现了目标。这种"笨办法"为钱学森奠定了深厚的理论功底，被他戏称为"三年出货"法。他认为，基础打得不牢，总是要吃亏的，一定要有足够的积累，才能举一反三。

毕业后，钱学森在美国从事空气动力学、固体力学和火箭、导弹等领域的研究，二十八岁时就成为世界知名的空气动力学家，为美国导弹技术的发展做出了不可替代的贡献。1949 年，钱学森打算回到新中国，却遭到美国政府的无理阻挠，甚至遭到软禁。在如此艰难的环境下，他用五年时间写出了《工程控制论》。他的导师冯·卡门看过后称赞说："钱学森在学术上取得的成就已经超越了我。"

钱学森在历经磨难回国后，受到了毛泽东主席的接见，并亲切地称他为"双王"：导弹王，控制论王。

清末名臣曾国藩在《立志向学》篇中告诫子弟："盖世人读书，

格言

学习知识要善于思考，思考，再思考，我就是靠这个方法成为科学家的。

——爱因斯坦

第一要有志，第二要有识，第三要有恒。有志则断不甘为下流；有识则知学问无尽，不敢以一得自足，如河伯之观海，如井蛙之窥天，皆无识者也；有恒才断无不成之事。此三者缺一不可。" 钱学森之所以能够在科学上取得举世瞩目的成就，恰恰是很好地实践了这三条经验。有志，把个人的理想与报效祖国的志向紧密地结合起来；有识，敏锐地认识到国家发展最需要的前沿科技领域并投身其中；有恒，他终生保持着勤奋学习的习惯。钱学森的儿子钱永刚回忆说："有一年夏天，我路过父亲的书房，发现他正满头大汗地看书，认真程度让我自愧不如。他用自己的行为告诉我什么是永不停步，什么叫活到老学到老。"

钱学森为新中国的科技进步做出了卓越贡献，被誉为"中国航天之父""中国导弹之父""火箭之王""中国自动化控制之父"。1991年10月16日，党和国家鉴于钱学森全心全意为人民服务以及他对中国科技发展的杰出贡献和对国防事业做出的伟大成就，特授予他"国家杰出贡献科学家"称号和一级英模奖章。党和国家最高领导人专为一位科学家举行授奖仪式，钱学森是新中国迄今为止获此殊荣的唯一一人。

　　"两弹一星" 是指原子弹、导弹和人造卫星。1964 年
10 月 16 日，中国第一颗原子弹爆炸成功；1967 年 6 月 17 日，
中国第一颗氢弹空爆试验成功；1970 年 4 月 24 日，中国第一
颗人造卫星发射成功。"两弹一星"是在非常艰苦、没有外援
的条件下的科技杰作。邓小平曾经评论说："如果六十年代以来
中国没有原子弹、氢弹，没有发射卫星，中国就不能叫有重要
影响的大国，就没有现在这样的国际地位。这些东西反映一个
民族的能力，也是一个民族、一个国家兴旺发达的标志。""两
弹一星精神"象征了中华民族自力更生、在社会主义条件下集
中力量从事科学开发研究，并创造科技奇迹的态度与过程，是
爱国主义、集体主义、社会主义精神和科学精神的生动体现，
是中国人民在 20 世纪创造的宝贵精神财富。

157

好
学
卷

在沙滩上演算公式

公元前 212 年，意大利半岛上的叙拉古城被罗马军队攻陷。当罗马士兵冲入城中一所住宅时，发现一个老人正在地上勾勾画画，丝毫没有把他们放在眼里。士兵们愤怒地冲上去，踩乱了老人画在地上的图形。老人非常生气，大声斥责："不要动我的圆！"一个士兵不容分说拔出短剑，刺死了老人。后来，这个士兵被罗马统帅马塞拉斯以杀人犯的罪名处死。因为被这个士兵杀死的老人是一位著名的学者。马塞拉斯非常敬佩这位学者的才华，在攻城之前就下命令不许伤害他。但是可惜，他被无知的士兵杀害了。这位让敌人都敬佩的学者，就是古希腊著名的哲学家、数学家、物理学家阿基米德。

阿基米德从小就对学习知识非常感兴趣，十一岁时被父亲送到当时古希腊的文化中心亚历山大去学习。亚历山大有各种博物馆和图书馆，被人们称为"智慧之都"，阿基米德每天都沉浸在学习生活之中，尤其喜好和朋友们在一起研究数学。画几何图形、演算数学公式，成为他们最大的乐趣。

但是很快，阿基米德和朋友们遇到了难题。他们每天需要进行大量的数学演算，当时的古希腊还没有发明造纸术，他们只能在羊皮或者莎草纸上进行演算。但是，这两种东西不仅很贵，而且用起来很不方便。

阿基米德和朋友们开始想办法。最初，他们在地上用树枝进行演算，但不是每块地面都适合用树枝勾勾画画的。有的时候，他们灵感突发，却发现地面太硬，根本画不出痕迹，让他们特别着急。阿基米德想出了一个办法，他随身带上一个袋子，袋子里装着炭灰渣。如果他们需要马上演算，就把炭灰渣撒在地面上，然后用树枝在炭灰渣上写字、计算，非常方便。朋友们都夸阿基米德是个聪明的人，阿基米德自己也很得意，因为自己的发明不仅不费钱，而且很便捷，从此再也不会中断他们的学习与探讨了。

有一次，他在海边的沙滩上漫步。广阔的大海、辽远的天空，经常给他带来灵感与启迪，所以他很喜欢在沙滩上散步。一阵海风

格言

给我一个支点和一根足够长的杠杆，我就能撬动整个地球。

——阿基米德

吹来，阿基米德感到舒适清爽，头脑也愈发清晰了。这时，他想到困惑了很久的一个问题的解答方法，于是随手捡起一块小石子，在海滩上开始勾画。长长的海滩，好像是一张永远也写不完的羊皮，他不停地写着算着，直到夜色深沉，阿基米德才恋恋不舍地离去。

第二天，他兴致勃勃地带着朋友来到沙滩上看自己昨日的演算。可朋友们在海滩上没有看到任何演算的痕迹。原来，海浪已经把阿基米德的演算冲走了。朋友怕阿基米德伤心，连忙安慰他。

但是，出乎他们意料的是，阿基米德反而开心地说："这才是咱们学习的最好地方呀！每次写完了让海水冲走，沙滩上又干干净净，第二天咱们可以重新接着写。这样，咱们既不用花钱买羊皮，又能不断进步，不断感受到学习的乐趣。"

朋友们立刻开心起来。从此他们天天来到海边，在沙滩上一起演算，在海风中一起思考，在涛声里一起探讨。据说，阿基米德发现的很多数学、物理学公式都是在这片海滩上演算出来的。

　　浮力原理的发现　相传一位国王让工匠替他做了一项纯金的王冠。在做好后，国王疑心工匠做的金冠并非足金，但这顶金冠确实与当初交给金匠的纯金一样重。工匠到底有没有私吞黄金呢？既想检验真假，又不能破坏王冠，这个问题不仅难倒了国王，也使大臣们面面相觑。一位大臣建议国王请来阿基米德检验。最初，阿基米德冥思苦想却无计可施。一天，他在家里洗澡。当他坐进澡盆时，看到水往外溢，同时感到身体被轻轻托起。他突然悟到可以用测定固体在水中排水量的办法，来确定金冠的比重。他兴奋地跳出澡盆，连衣服都顾不得穿好就跑了出去，大声喊着："我知道了。我知道了。"他经过进一步的实验以后，便来到了王宫。他把王冠和同等重量的纯金放在盛满水的两个盆里，比较从两个盆里溢出来的水，发现放王冠的盆里溢出来的水比另一盆的多。这就说明王冠的体积比相同重量的纯金的体积大，二者密度不同，所以证明王冠里掺进了其他金属。这次实验的意义远远大过查出金匠欺骗了国王，因为阿基米德从中发现了浮力定律（阿基米德原理）：物体在液体中所获得的浮力，等于它所排出液体的重量。一直到现在，人们仍然利用这一原理计算物体比重和测定船舶载重量等。

好学卷

达·芬奇画蛋

　　达·芬奇是意大利文艺复兴三杰之一，是整个欧洲文艺复兴时期最重要的代表人物之一。他是一位思想深邃、学识渊博、多才多艺的画家、雕塑家、发明家、哲学家、音乐家、医学家、生物学家、地理学家、建筑工程师和军事工程师。他最大的成就是绘画，他的杰作《蒙娜丽莎》《抱银鼠的女子》《卢克雷齐亚·克里韦利》和《最后的晚餐》，体现了他精湛的艺术造诣。但是，这样一位伟大的画家，也是从画鸡蛋开始的。

　　达·芬奇从小就非常喜欢画画。他十六岁的时候，父亲把他送到欧洲的艺术中心佛罗伦萨，拜著名的画家和雕塑家委罗基奥为师。委罗基奥是一位要求非常严格的老师，很喜欢达·芬奇这个极有天赋的学生。为了让达·芬奇学好基本功，从学习的第一天开始，他整天让达·芬奇画鸡蛋。让他横着画，竖着画，正面画，反面画，从不同的角度画鸡蛋。

　　起初，达·芬奇还感觉有些意思，但是画了整整一个月，他就开始厌倦了。他想：总是画鸡蛋，这有什么意义呢？又过了几天，达·芬奇实在忍耐不住了，于是向老师提出了疑问："老师，为什么天天总是画鸡蛋呢？应该学习一些其他东西吧。"

委罗基奥耐心地说："孩子，要做一个伟大的画家，一定要有扎实的基本功。孩子，练习画蛋就是在锻炼你的基本功啊。你仔细

看看，其实每个鸡蛋都不相同。即使是同一个蛋，不同的观察者，从不同的角度观察，它的形态也不一样。通过自己的观察，就能发现每个蛋之间的微小的差别，你把它们的形状——画出来，就能锻炼你的手眼协调能力，为将来作画打下牢固的基础。"

达·芬奇觉得老师的话很有道理，从那以后，他耐下心来，天天认真地画着鸡蛋，每天要画几十个。总是埋头画画，有的时候一天下来，他的脖子都僵硬得没法转动了。

有一天，达·芬奇画了一上午的鸡蛋，脖子实在难受。他放下画笔，动了动脖子想放松一下。这个时候，一个学生经过，笑嘻嘻地说："天天早上吃鸡蛋，天天白天画鸡蛋，你不烦吗？"达·芬奇说："这是在练基本功，不能烦的。"那个同学嘲笑道："听说你是个天才，挺会画画的，莫非就是个画鸡蛋的天才？"达·芬奇笑了笑，没有吭声。

看到达·芬奇总是无休止地画鸡蛋，也有一些同学对他说："老画鸡蛋多单调呀。要不，我们帮你跟老师说说，让你画画其他的吧。"

达·芬奇摇摇头："不！画鸡蛋一点儿也不单调。你们别看每个鸡蛋看起来都差不多，其实仔细看看，都不一样呢。就是一个鸡蛋，我上午画是一个样子，下午光线变了，就又不一样了……"

达·芬奇兴致勃勃地说着，很多同学都觉得他画鸡蛋画疯了。

这种重复的练习，其实很枯燥。但是，达·芬奇为了能够在绘画上真正有所提高，他一天天坚持下来，并发现了其中的乐趣。在一遍又一遍的画蛋练习中，达·芬奇学习到了许多绘画技巧。三年以后，达·芬奇画画终于达到了随心所欲、心手合一的程度。

经过不断努力，达·芬奇取得了伟大的成就，他的许多绘画名作使他在世界绘画史上享有盛誉，恩格斯称赞他是"巨人中的巨人"。

《蒙娜丽莎》 是一幅享有盛誉的肖像画杰作。它代表着达·芬奇的最高艺术成就，成功地塑造了资本主义上升时期一位城市有产阶级的妇女形象。画中人物坐姿优雅，笑容微妙，背景山水幽深缥缈，淋漓尽致地展现了画家那奇特的烟雾状"无界渐变着色法"的笔法。画家力图使人物丰富的内心情感和美丽的外形达到巧妙的结合，对于人像面容中眼角唇边等表露感情的关键部位，也特别着重掌握精确与含蓄的辩证关系，达到神韵之境，从而使蒙娜丽莎的微笑具有一种神秘莫测的千古奇韵，那如梦似的妩媚微笑，被美术史家称为"神秘的微笑"。

格言

趁年轻少壮去探求知识吧，它将弥补由于年老而带来的亏损。智慧乃是老年的精神的养料，所以年轻时应该努力，这样年老时才不至于空虚。

——达·芬奇

戏剧天才的诞生

　　莎士比亚是英国文艺复兴时期伟大的剧作家和诗人，欧洲文艺复兴时期人文主义文学的集大成者。在莎士比亚十三岁的时候，他的父亲破产了，他只好中途辍学。

　　莎士比亚从小就非常渴望成为一个剧作家，生活的磨难并没有让他失去梦想。他一直在思考如何成为一个剧作家，觉得自己应该先去戏院找一个工作。想了很多办法，找了不少门路，莎士比亚没有找到去戏院就职的机会。莎士比亚琢磨了几天，想，我干脆先从戏院的服务人员做起吧。他几经努力，终于找到了一个为戏院做马车夫的职位。

　　莎士比亚十分珍惜这个职位，他在戏院后门为前来看戏的客人牵马、系缰绳，服务热情周到。为了能够观看戏剧，他经常帮看门人做很多杂事。看门人十分喜欢莎士比亚，也了解到了他这一爱好，就让他从门缝和门上的小洞里看戏剧演出。莎士比亚特别高兴，在做完本职的工作后，一有机会就在门外观看戏剧演出。后来，他渐渐地开始一边观看，一边仔细琢磨剧情、研究角色。工作一天以后，

莎士比亚回到家里，继续琢磨戏剧里的人物、情节、台词。他发现要想写好戏剧，还需要掌握多方面的知识。于是，他在业余时间开始自学哲学、历史、文学等书籍，甚至还学习了希腊文。他彻夜读书，经常是在不知不觉中天就亮了。

有一天，他像往常一样透过门缝看戏剧演出，看着看着就情不自禁地手舞足蹈、说着台词。正在这时，一位著名演员正巧经过，他没有出声，静静地站在莎士比亚背后看他演出。当莎士比亚越演越兴奋，转过身来继续自己的表演的时候，突然发现了这位著名演员。他一下愣住了，不知所措。著名演员微笑地看着他，轻轻地鼓起了掌。莎士比亚高兴极了——自己的努力获得了认可！

这位著名演员请莎士比亚在剧团里演配角，莎士比亚心里别提有多高兴了。他抓住这个难得的机会，在每次排练中，悉心地学习、认真地练习，不仅把自己的角色演练得纯熟，还研究剧情，与其他角色密切配合。为了演好角色，他经常与社会上不同阶层的人接触，观察不同阶层的人的特点、行为乃至说话方式，感受他们处理事情的方式，体会他们的情感，了解他们的生活方式。甚至，他和乞丐、江湖艺人、流浪者经常在一起，吃喝在一起，玩乐在一起，从而让自己在角色的塑造中更为真实感人。

经过很短的时间，莎士比亚就赢得了剧团和观众的喜爱，成为了剧团的正式演员。此后，莎士比亚在剧院里做过演员、导演、编剧，甚至做过剧院的股东。有了这些实践与知识的积累，莎士比亚成为了伦敦顶级剧团——内务大臣供奉剧团的剧作家，与众多受过高等教育的剧作家一起工作。从此，他开始了自己的剧作家生涯，一生共写了三十七个剧本，被称为"人类最伟大的戏剧天才"。

格言

人生苦短，若虚度年华，则短暂的人生就太长了。

——莎士比亚

莎士比亚四大悲剧　莎士比亚的代表作有四大悲剧：
《哈姆雷特》《奥赛罗》《李尔王》《麦克白》，标志着莎士比亚
对时代与人生的深入思考。在上述戏剧中，他着力塑造了这样
一些新时代的悲剧主人公：他们从中世纪的禁锢和蒙昧中醒来，
在近代黎明之光的照耀下，雄心勃勃地想要发展或完善自己，
但又不能克服时代和自身的局限，终于在同环境和内心敌对势
力的力量悬殊的斗争中，遭到不可避免的失败和牺牲。哈姆雷
特为报父仇而发现"整个时代脱榫"了，决定担负起"重整乾坤"
的责任，结果是空怀大志，无力回天。奥赛罗正直淳朴，相信
人而又疾恶如仇，在奸人摆布下杀妻自戕，为追求至善至美反
遭恶报。李尔王在权势给他带来的尊荣、自豪、自信中迷失本性，
因而经受了一番痛苦的磨难。麦克白本是有功的英雄，其性格
中有善和美的一面，只因王位的诱惑和野心的驱使，最终沦为"从
血腥到血腥"、追悔莫及的罪人。这些人物的悲剧，深刻地揭
示了在资本原始积累时期已开始出现的种种社会罪恶和资产阶
级的利己主义本性，表现了人文主义理想与残酷现实之间矛盾
的不可调和，具有高度的概括意义。

敢于质疑的伽利略

　　伽利略是意大利著名科学家，是近代实验物理学的开拓者，被誉为"近代科学之父"。他改进望远镜，并且将其应用于天文观测；支持哥白尼的日心说。当时，人们争相传颂："哥伦布发现了新大陆，伽利略发现了新宇宙。"他敢于质疑前人理论的探索精神，早在他在比萨大学学习期间就已经显露。在那里，他曾经以观察和实验推翻了亚里士多德的诸多观点。

　　伽利略在比萨大学学习医学专业时，并没有对医学产生很大的兴趣。他喜欢提问题的习惯，让很多老师都非常头疼。

　　在一次胚胎学课上，老师说："人类生男孩儿还是生女孩儿，是由父亲的身体强弱来决定的。如果父亲的身体强壮，母亲就会生男孩儿；如果父亲身体弱，母亲就会生女孩儿。"同学们都在认真听讲，专心记笔记。但是伽利略站了起来，说："老师，真的是这样吗？我有疑问。"

　　老师一看，又是那个爱提古怪问题的伽利略——他非常反感。于是大声斥责："怎么又是你！总是提一些乱七八糟的问题。一个学生，老老实实听讲最重要了。不要整天胡思乱想，不要总是捣乱，你不学，也不要影响其他同学学习。"

伽利略很不服气："老师，我真的不是捣乱，也不是胡思乱想。我有一个邻居，他身体特别强壮，好几个人合在一起都打不过他。但是，他一连生了好几个女孩儿，一个儿子都没有。怎么跟您讲的一点儿也不一样呢？"

老师一下子说不出来话，只好说："我，我是根据亚里士多德的理论讲的。他是古希腊著名的科学家，是古代先贤，他的话能有错吗？"

伽利略摇摇头说："如果亚里士多德说得不对，我们也要认为是对的吗？科学就是要与事实相符合，否则就不是科学。"

老师哑口无言。

但是伽利略并没有仅仅停留在质疑古圣先贤理论的层面，而是在学习中不断去验证前人的理论是否正确。

一天，他来到比萨大教堂。一阵风吹过，把教堂的吊灯吹得来

172

格言

　　一切推理都必须从观察与实验得来。

——伽利略

回摆动。伽利略看着摆动的吊灯，心里一动。他一边按着自己的脉搏数数，一边盯着吊灯。通过数自己的脉搏，伽利略发现了一个秘密，吊灯摆一次的时间，不管圆弧大小，总是一样的。一开始，吊灯摆得很厉害，后来渐渐地慢了下来，可是，吊灯摆动的频率与脉搏跳动的频率是一样的。他开始以为自己弄错了，因为他记得亚里士多德曾经说过，一个物体的摆动周期与其摆动的幅度成正比，摆动幅度越大，摆动所需要的时间就越长。

他抱着质疑的态度，立刻回到学校开始做实验。通过数百次的实验，伽利略发现：物体的摆动周期与摆动幅度的大小没有关系，而是与摆线的长度有关系。他由此发现了摆动的等时性定律。

虽然当时学校里没有人相信这个年轻的学生具有否定亚里士多德经典理论的能力，但是几年以后，就是这个敢于质疑的伽利略，在比萨斜塔上做了"两个铁球同时落地"的著名实验，从此推翻了亚里士多德"物体下落速度和重量成正比"的学说，纠正了这个持续了一千九百年之久的错误结论。

　　自由落体实验　　古希腊伟大的哲学家亚里士多德认为：重的物体下落速度比轻的物体下落速度快，落体的速度与重量成正比。在很长时间内，他的学说从未受到任何怀疑。一直到16世纪末，伽利略通过反复的实验，认为如果不计空气阻力，轻重物体的自由下落速度是相同的，从而对亚里士多德的理论提出了质疑。他嘲讽那些信奉权威的人——他们认为"有些事情理所当然是对的，仅仅因为亚里士多德是这样说的"。相传伽利略为了公开他的论断，批驳亚里士多德的落体理论，曾经在一个有其他教授、哲学家和全体学生参加的大型集会上，登上高高的比萨斜塔，当场做了著名的斜塔落体实验，证实了自己的学说，轰动一时。这个传奇故事由伽利略的学生维维安尼通过其撰写的《伽利略》一书流传下来。

蜘蛛网的启示

　　勒内·笛卡儿是 17 世纪法国著名哲学家、科学家和数学家，对现代数学的发展做出了重要的贡献。他将几何坐标体系公式化，被认为是解析几何之父。他年轻时参军的时候，一有空便思考数学问题，经常在战斗的间隙，一边吃饭，一边琢磨数学问题，经常比比画画地进行数学演算，被士兵们称为"数学痴"。

　　离开军队以后，笛卡儿专心进行数学研究。在当时的数学领域，欧几里得的几何学和代数学占据主导地位，它们是两个完全独立的学科。代数是一个比较新的学科，几何学的思维在数学家的头脑中占有统治地位。笛卡儿想，这两个独立的学科，是否可以建立联系呢？如果用直观的几何图形表示出抽象的代数方程，那么数学计算应该会更方便。于是他决定找出一种方式，能够将几何与代数有机地结合在一起。

　　笛卡儿开始进行探索，由于没有前人的经验可以借鉴，因此他需要从头进行探索。他翻阅了很多数学论著，但是没有找到任何可以给予他灵感的启发。

格言

　　我确实希望人们知道，我所了解的那些为数不多的东西，简直无法同我不通晓的东西相比拟。我从来没有失掉学习的信念。

　　　　　　　　　　　　　　——笛卡儿

　　他开始进行演算，大量的算草纸堆得到处都是，在任何一个地方，都可以看到笛卡儿用鹅毛笔写下的公式。

　　当在数学领域无法获得答案的时候，笛卡儿把自己的目光投向了哲学领域。通过翻阅大量的哲学书籍，笛卡儿更加坚定了自己的想法：最接近真实的东西都来自于感觉，而不是来自于前人既定的成规。因此，他认为只有具备怀疑精神，才能真正超越前人。虽然哲学无法给他直接的数学答案，但是坚定了他挑战前人的决心。

　　他坚定了自己将几何学与代数学结合在一起的想法，继续进行数形结合的探索。由于日夜进行数学演算，身体一直不太好的笛卡儿病倒了。他发着高烧，实在起不来了，只好卧床休息。

　　虽然他躺在床上，但是脑子却并没有停止思考，还在想着一个数形结合的重要问题——如何用图形方位来表示精确的点呢？怎样才能把"点"和"数"联系起来呢？他在床上辗转反侧，突然看到屋顶的角落上有一只蜘蛛正在结网。那只蜘蛛向左拉出一根丝，又向右扯出一根丝。一直陷入在数形结合难题中的笛卡儿，眼前似乎出现了一幅画面：蜘蛛仿佛变成了一个点，蜘蛛网就是纵横交错的一些方格，蜘蛛就在横竖交叉的一个点上。他立刻来了精神，马上从床上爬了起来，完全忘记了自己还在发着高烧，又开始进行数学演算。

在蜘蛛网的启发下，笛卡儿创建了直角坐标系，改变了古希腊以来代数与几何相互分离的历史，开创了解析几何时代。他的这一成就为微积分的创立奠定了基础。蜘蛛网的启示，是一种偶然；但从大家司空见惯的蜘蛛结网现象中发现了数学原理，却源于笛卡儿勤奋的思考与艰辛的努力，灵感的降临往往与坚持不懈密不可分。

笛卡儿与心形线 《数学的故事》一书中，作者虚构了数学家笛卡儿与当时的瑞典公主克里斯汀的一段爱情故事，讲述"心形线"的由来。欧洲大陆暴发黑死病时，笛卡儿流浪到瑞典。在斯德哥尔摩的街头，五十二岁的笛卡儿邂逅了十八岁的瑞典公主克里斯汀。几天后，他意外地接到通知，国王聘请他做公主的数学老师。笛卡儿跟随侍卫一起来到皇宫，见到了在街头偶遇的女孩子。从此，他当上了公主的数学老师。公主的数学造诣在笛卡儿的悉心指导下突飞猛进，笛卡儿向她介绍了自己研究的新领域——直角坐标系。每天形影不离的相处使他们彼此产生了爱慕之心，国王知道后勃然大怒，下令将笛卡儿处死。后经公主克里斯汀的苦苦哀求，国王将其押回法国，公主也被父亲软禁起来。笛卡儿回法国后不久便染上了重病，他每次给公主写的信都被国王扣下，公主因此一直没有收到笛卡儿的信。笛卡儿在给公主寄出第十三封信后就气绝身亡了。这第十三封信，内容只有短短的一个公式：$r=a(1-\sin\theta)$。国王看不懂，觉得他们俩之间并不总是说情话的，就将全国的数学家召集到皇宫，但没有一个人能看懂。国王不忍心看着公主整日闷闷不乐，就把这封信交给了她。公主看到后，立即明白了恋人的意图，马上着手把方程的图形画出来，看到图形，她开心极了，知道恋人一直深深地爱着她——原来方程的图形是一颗心的形状。这也就是著名的"心形线"。

废寝忘食的牛顿

英国著名科学家牛顿发现万有引力的故事可谓家喻户晓。据说，牛顿在苹果树下读书，树上掉下来一个苹果，正好砸在牛顿的头上。牛顿由此思考苹果为什么只往下落，经过研究发现了万有引力定律。其实，苹果砸到头上是一种巧合，刻苦努力、废寝忘食的钻研才真正成就了牛顿伟大的一生。

有一次，牛顿连续做了一夜的实验，肚子有些饿了，决定煮两个鸡蛋来吃。但是，当他拿着鸡蛋走到锅前的时候，突然想到在实验中被自己疏漏的一个地方：这是一个很重要的数据，需要演算核实。他立刻放下鸡蛋，掏出随身带的纸笔，就在厨房的桌子上演算起来。他算呀算呀，似乎有了些眉目，想立刻冲回实验室。但是，肚子咕噜咕噜地叫着，实在是饿得有些受不了。于是，牛顿赶快把鸡蛋放进了锅里，点上火后快步走进了实验室。他想，先煮上鸡蛋，等到这个实验做完了，正好可以吃。

进了实验室，牛顿似乎又忘记了自己的饥饿，开始专心致志地做实验。等到实验成功了，他饿得几乎一点儿力气都没有了，猛然

好学卷

间想起了锅里煮的鸡蛋，呀！不会又像那几次一样把水煮干了，差点儿着火吧！牛顿马上奔向了厨房。

没有火，没有烧焦的味道，厨房里干干净净的。牛顿松了一口气，才发现自己的朋友杰克正站在锅前看着什么。

他也凑上去看，发现锅里竟然煮着自己的怀表。牛顿惊讶地说："你吃了我的鸡蛋，为什么还煮我的怀表？"

杰克啼笑皆非，看着自己这个在科学研究中聪明绝顶、在生活上糊里糊涂的朋友，不由得想起了几个月前的一件趣事。

那次牛顿的一个实验获得了成功，几个朋友替他高兴，纷纷让他请客祝贺。牛顿推托不过，就准备了饭菜请大家。饭菜做好了，牛顿等朋友们上门。等了一会儿，他想，不要浪费时间了，干脆先去做会儿实验吧！

格言

你若想获得知识，你该下苦功；你若想获得食物，你该下苦功；你若想得到快乐，你也该下苦功，因为辛苦是获得一切的定律。

——牛　顿

等朋友们到来的时候，发现牛顿没有在。他们知道，他肯定又在实验室里忙碌呢，可不能去打扰他。了解牛顿的人都知道，谁要是打扰了他做实验，引发的后果会很严重。

等了很久，还不见牛顿出来，朋友们饿极了，就毫不客气地把牛顿准备的整只鸡都吃了，然后调皮地把鸡骨头剩在了桌子上，想提醒一下牛顿的待客之道实在是糟糕。朋友们吃饱喝足以后就离开了牛顿的家，只有杰克留了下来，他想看看牛顿面对一堆鸡骨头是什么反应。

看了半本书，喝了两壶红茶，杰克待得有些困倦了，几乎要进入梦乡。这时候，他听见"咦"的一声，原来牛顿做完实验回来了。杰克笑了，哈！看看牛顿面对残羹剩饭会怎么办？他俯下身子藏在椅子后面，偷偷看牛顿的反应。

牛顿面对着一堆鸡骨头，自言自语地说："我真是糊涂，原来我已经吃过饭了。"显然，他不仅忘记了请朋友吃饭的事，甚至连自己有没有吃饭，都没有放在心上。然后牛顿就走了，继续去做他的实验。

杰克看着锅里的怀表，仿佛又一次看到了那次的一堆鸡骨头。他知道自己的朋友一定是做实验太专心了，于是无可奈何地笑了笑，拿出自己给牛顿带来的面包和牛奶。牛顿立刻感到自己饿得实在是不行了，抓起面包大口吃了起来，甚至来不及说一句谢谢。他一边吃，一边兴奋地跟杰克说自己的实验发现。杰克看到厨房桌子上几张稿纸的边上有两个鸡蛋，一定是牛顿一心想着自己的实验，匆忙之中把怀表当成鸡蛋放进了锅里。

杰克想，人们都说牛顿是一个神童，其实他更是一个非常努力、废寝忘食的人，因为这样他才会取得成功。

上善若
厚德载物
水

万有引力定律　牛顿的普适万有引力定律表示如下：任意两个质点通过连心线方向上的力相互吸引。

公式表示：$F = G\dfrac{M_1 \cdot M_2}{R^2}$

该引力的大小与它们质量的乘积成正比，与它们距离的平方成反比，与两物体的化学本质或物理状态以及中介物质无关。万有引力定律是解释物体之间的相互作用的引力的定律，是物体（质点）间由于它们的引力质量而引起的相互吸引力所遵循的规律。这是牛顿在前人（开普勒、胡克、雷恩、哈雷）研究的基础上，凭借他超凡的数学能力证明的，发表于1687年的《自然哲学的数学原理》。万有引力定律的发现，是17世纪自然科学研究最伟大的成果之一。

我一定要读到一本真正的书

罗蒙诺索夫是 18 世纪俄国著名科学家、语言学家、哲学家和诗人，被誉为俄国科学史上的彼得大帝。

罗蒙诺索夫的父亲是一个渔民，他从十岁起就跟随父亲捕鱼，与狂风恶浪搏斗锻炼了他坚韧不拔的性格，美妙幻化的自然景色开阔了他的视野。罗蒙诺索夫从小就有强烈的求知欲，但是家里没有办法送他去读书，目不识丁的父亲也不可能在学习上给他帮助。

罗蒙诺索夫是个有心的孩子，他发现除了学校的老师、村子里的富人之外，邻居舒布诺依大叔也认识字。舒布诺依大叔是个单身汉，特别喜欢小孩子。罗蒙诺索夫和伙伴们经常跑到舒布诺依大叔家里，今天送几条鱼，明天帮助大叔干几件杂事。舒布诺依大叔从心眼儿里喜欢这个乖巧的孩子。一天，舒布诺依大叔发现一向活泼可爱的罗蒙诺索夫坐在树荫下发呆，便问："孩子，你怎么了？不舒服啦？"罗蒙诺索夫抬头望着舒布诺依大叔："大叔，我想认字，真的很想，您教我吧！"舒布诺依大叔抚摩着罗蒙诺索夫的头说："好孩子，没问题，大叔一定教会你。"

好学
卷

从这一天起，舒布诺依大叔开始教罗蒙诺索夫学习字母，还告诉他把一个一个字母拼起来，就能读出字音。罗蒙诺索夫高兴极了，天天抓紧所有的时间学习。白天，他利用干活儿的间隙，在树林里大声地读字母；晚上，他躺在床上，在夜色中回忆着每一个字母的样子。没有纸笔，他就用树枝在海滩上一笔一画地写字母；没有蜡烛，他就在月光下，将每一个字母写得大大的。只用了很短的时间，罗蒙诺索夫就能够一整页、一整页地读出文字了。他非常高兴，跑到舒布诺依大叔面前，开心地读了一遍又一遍。舒布诺依大叔也特别开心，说："孩子，你终于可以自己读书啦！""读书？我还没有见过书是什么样子呢。"罗蒙诺索夫伤心地说。舒布诺依大叔也非常难过，因为他家里也没有书。在 18 世纪的俄国，书是非常珍贵的，只有贵族或富人家里才有。他想了想，说："孩子，没关系的，你可以去镇上的小火车站看看，那里虽然没有书，但是会有旅客丢下的报纸，你读报纸也可以认识很多字。"罗蒙诺索夫点点头："我一定要读到一本真正的书！"于是，罗蒙诺索夫经常到镇上的小火车站去捡废报纸看，虽然有的报纸很破很脏，但是罗蒙诺索夫却把这些报纸当作宝贝一样看待，不仅一张一张地抚平，而且精心地将这些报纸收好。一有空的时候，他就躲在小树林里大声地念着这些报纸，遇到不认识的词、句，就去问舒布诺依大叔。慢慢地，阅读报纸对于他而言，不再有任何障碍。在他的内心世界里，也不再只有家乡的这个小渔村。但是，他依然没有读到一本真正的书。

有一天，罗蒙诺索夫和父亲捕了很多鱼，他们怕卖不掉，就来到镇上挨家挨户地上门叫卖。罗蒙诺索夫来到当地的一个富商家，走进门去，发现富商的两个孩子正在读一本有许多带着字的纸的东西——啊！这一定就是舒布诺依大叔说的书！

罗蒙诺索夫激动地问："你们读的是，是书吗？"

一个孩子奇怪地说："是呀！怎么啦！"

罗蒙诺索夫说："能让我看看，看看吗？就看一下，我所有的鱼都给你们！"

"你看得懂吗？"另一个孩子睁大了眼睛。

"让我试试吧！"罗蒙诺索夫恳求说。

富商的两个孩子互相看了看，把书递给了他。

罗蒙诺索夫马上放下鱼，但是没有立刻去接，而是把手反复在衣服上擦了又擦、擦了又擦，直到他觉得干净了，才小心翼翼地接过书轻轻翻开，不由自主地，他的眼睛追随着一行行文字，口里随声念出。在这一刻，他忘记了自己是来卖鱼的，忘记了自己在别人家里，他的眼里只有这本书上的世界。

"太好了！你竟然认字！这样吧，我们不要你的鱼。只要你把书看完了，告诉我们这本书讲的是什么就行！"富商的两个孩子高兴地大叫。

罗蒙诺索夫很惊讶："你们不是在看书吗？怎么不知道书里讲的是什么呢？"

186

格言

现在，我怕的并不是那艰苦严峻的生活，而是不能再学习和认识我迫切想了解的世界。

——罗蒙诺索夫

"这书太难啦！我们都看不懂，但是爸爸总是考我们，要是答不上来，就打我们。你来替我们读吧！"

罗蒙诺索夫高兴极了，他把书拿回家里，自己努力地去读，如果有问题就去问舒布诺依大叔，两个人一起研究。他读懂以后，再回去讲给富商的儿子听。慢慢地，罗蒙诺索夫读了很多、很多书。

就这样，罗蒙诺索夫凭着自己的努力与智慧，长大以后成为俄国科学院第一个俄国籍院士，并成为瑞典科学院院士和意大利波伦亚科学院院士；他创建了俄国第一个化学实验室，创办了俄国第一所大学——莫斯科大学。

知识链接

金星凌日　金星轨道在地球轨道内侧，在某些特殊时刻，地球、金星、太阳会在一条直线上，这时从地球上可以看到金星就像一个小黑点一样在太阳表面缓慢移动，天文学称之为"金星凌日"。1761年5月26日，各国天文学家都观测到了这一罕见的天文奇观。罗蒙诺索夫将望远镜对准太阳，仔细观察了金星在日面的移动现象，并断言"金星表层有很多的大气包围着"。因此，他成了第一个发现金星上有大气存在的人。今天，这个问题已经很清楚，金星大气的浓厚程度不仅超过地球，而且主要由二氧化碳组成，云层中还包含着硫酸雾滴，加之由于温室效应等原因，其表面温度高达四百六十摄氏度以上。

好学卷

数学王子高斯

　　高斯是 19 世纪德国著名数学家、物理学家和天文学家，是近代数学的奠基者之一，与阿基米德、牛顿、欧拉齐名。

　　高斯九岁的时候，村中的小学来了一位新的数学老师，名字叫布特纳。布特纳在此之前在城里教学，这次被调到乡村，心里很不痛快，不仅牢骚满腹，而且经常冲学生发脾气，所以很多学生都不喜欢他。但是，高斯很喜欢他。因为高斯发现，这个老师虽然脾气不好，但是经常讲很多课本之外的数学知识，这让从小就喜欢数学的高斯很感兴趣。

　　一天，布特纳不知道为什么又心情不好了。他一脸不耐烦地走进教室，看了一眼坐在教室里的土里土气的乡村孩子，心里更生气了。他随手写出一道题目，说："今天不上课了，你们算出这道题，$1+2+3+\cdots\cdots+100$ 等于多少，算不出来的不许回家！"

　　同学们都很害怕，既担心算不出来不让回家吃饭，又生怕算不对被老师责骂。所以大家赶快埋头计算起来。

　　高斯并没有着急地马上计算，而是一如往常开始仔细地琢磨。

高斯很小就养成了遇事先动脑的习惯，他仔细地看着题目，脑子里琢磨着计算方法。很快他笑了，拿起笔简单地算了算，然后自信地站了起来："老师，我算出来了。"

依然在烦恼中的布特纳老师，抬眼看了一下这个瘦小的学生，以为这个学生在捣乱，更加生气了，就大声说："你说，你怎么算的？如果说错了，算错了，不仅你受罚，其他同学一块儿受罚。"他的眼睛扫向大家，发现几乎所有的学生并没有惊慌，而是一副如释重负的样子，都用期待的眼光看着高斯。

高斯不慌不忙地说："我发现 1+2+3+……+100，这 100 个数字一头一尾的两个数加起来都是 101，如 100+1、2+99、3+98，这样的数共有 50 组，所以用 101 乘以 50，最后得出的答案就是5050。"

189

格言

当一个人开始从自己的内心奋斗，他就是一个有价值的人。

——高　斯

　　布特纳老师一下子愣住了，这是一个什么样的孩子呀！他应该只有八九岁，但是竟然能够运用数学家们经过长期研究才发现的"等级数求和"法来进行计算。布特纳老师突然想起他刚到学校时听到的一件事情：学校里有一个聪明的孩子，名字叫高斯，他在五岁的时候就曾经轻松地算出他爸爸算错的账目，经常能算出别人算不出的数学题，很多高年级的学生都很佩服他。布特纳认定，眼前的这个学生一定是数学天才高斯。高斯的计算能力，更主要的是高斯独到的数学方法、非同一般的创造力，让布特纳老师刮目相看。

　　那一天，布特纳老师非常开心，因为他知道自己发现了一个百年不遇的数学奇才；那一天，班上的同学们非常开心，因为高斯就像以前一样又帮他们解决了数学难题，他们早早就可以放学回家了；那一天，高斯非常开心，因为布特纳老师借给了他好几本珍贵的数学书，让他晚上回家去研读。

　　高斯家里并不富裕，晚上看书需要点灯，灯油钱是一笔不小的开销。但是聪明的高斯并不担心，因为他通过读书和自己钻研，早就找到了解决的方法：他从野外采来了一种叫做芜菁的植物，把这种植物的块状根茎中间的芯挖出来，把油蜡化开当作灯油灌在里面，自己动手做成了小油灯。就这样，他每天晚上借着微弱的灯光，专心地读书。由此，他走上了专业研究数学的道路。

　　勤于思考、善于思考的高斯，十五岁进入不伦瑞克学院，独立发现了二项式定理的一般形式、数论上的"二次互反律"、质数分布定理及算术几何平均。他在十九岁时就发现了"正十七边形尺规作图之理论与方法"，后人称他为"数学王子"。

谷神星　1801年元旦，一位意大利天文学家在西西里岛观察到在白羊座附近有光度八等的星移动，这颗现在被称为谷神星的小行星在天空中出现了四十一天，扫过八度角之后，就在太阳的光芒下没了踪影。当时天文学家无法确定这颗新星是彗星还是行星，这个问题很快成了学术界关注的焦点，甚至成了哲学问题。黑格尔就曾写文章嘲讽天文学家说，不必那么热衷去寻找第八颗行星，他认为用他的逻辑方法可以证明，太阳系的行星不多不少正好是七颗。高斯也对这颗星着了迷，他利用天文学家提供的观测资料，算出了它的轨迹。几个月以后，这颗迄今仍是最大的小行星准时出现在高斯指定的位置上。

好学卷

学习上的有心人

法拉第是英国物理学家、化学家，是发电机和电动机的发明者，同时也是著名的自学成才的科学家。

法拉第出生在伦敦市郊小镇上一个普通的铁匠家里。在他十岁的时候父亲就病倒了，他只好辍学回家，在一个装订工场做工挣钱补贴家用。

这是一家镇上的装订工场，主要是装订书籍。开始的时候法拉第在这个工场做报童，每天起大早到伦敦的大街小巷去送报，虽然只有十岁，但是他每天必须跑上上千米的路程，否则就无法完成送报任务。

跟他在一起送报的小报童们总是不停地埋怨，特别是天气不好的时候，他们更是抱怨送报的辛苦。

有一天早上，下起了瓢泼大雨。有的小报童干脆没有来上班，他们想等到雨停了再送报也没有关系；有的小报童取走了报纸，送到了订户家里，却不经心让雨水淋湿了报纸。所以，那天装订工场的主人里波先生接到了很多订户的投诉，要么埋怨送报很晚，要么埋怨报纸湿了。但是，只有法拉第送报的那些订户没有投诉。里波先生很好奇，就抽空找来法拉第询问。法拉第老老实实地说："我在以往送报的时候，已经问好了。哪些家需要按时送报，哪些家可以晚一些时间送报，我记得清清楚楚。如果下雨了，我就把必须要送的报纸包好，给他们送上门。由于事先说好了，所以他们肯定会给我开门，让我把报纸直接送到屋里去，而不是放在门口；而其他家可以等雨过天晴后再送去。因为也是事先说好了，所以就不会有投诉。"里波先生摸了摸法拉第的头，夸赞道："真是一个有心的好孩子。"

过了几天，里波先生到镇上的咖啡馆喝咖啡，遇到了自己的订户丹尼。丹尼一边喝咖啡，一边对里波先生说："你家的小报童有一个叫法拉第吧？"

里波先生点点头说："是呀！怎么啦？"

丹尼说："这真是一个不错的孩子。他不仅每天送报很认真很及时，还是一个特别喜欢读报纸的孩子。有的时候，他拿着过期的

格言

所谓的强者是既有意志，又能等待时机。

——法拉第

报纸上关于科学知识方面的事情来问我，有的我还真的一下子说不上来，需要回去翻阅资料才能回答他呢。"周围好几个人也纷纷附和说，法拉第是一个聪明的孩子，虽然没有读过几天书，但是特别喜爱钻研学问，遇到不懂的问题常常向大家请教。看着他又聪明又懂事，大家都喜欢他，所以不仅乐于回答他的问题，还经常借书给他看。

里波先生想了一下，立刻想起来法拉第是那个既聪明又用心的小报童。他觉得既有面子，又很为法拉第的勤学好问感到高兴，于是决定让法拉第到装订工场来上班，正式收他为学徒。

里波先生的工场里有各种各样的书籍，包括文学、哲学、自然科学等，非常庞杂。法拉第在班上认真工作，下班后就向里波先生借书看。里波先生发现这个孩子不像其他人一样，喜欢流行的小说，而是喜欢科学书籍，对他就更加喜爱，凡是工场里有的书籍，就一定会借给法拉第。

一次，装订工场接到了装订《大英百科全书》的工作，时间紧、任务急，需要加班很长时间，很多人都不愿意做这个工作。法拉第却非常开心，因为他特别喜欢电学方面的知识，而这个工作可以让他接触到相关的权威知识。由于他工作任劳任怨，里波先生就将《大英百科全书》中的电学部分特别送给了他。

法拉第高兴极了。他从此对电学知识更加关注，只要有这方面的书籍，里波先生就允许他阅读。在自学了很多相关知识后，他建立了自己的小实验室。经过多年的努力，1831 年，法拉第电磁转化的实验成功了。后来，法拉第根据这一定律，制造了世界上第一台圆盘发电机。后世的人们选择法拉作为电容的国际单位，以纪念法拉第对科学发展、社会进步做出的巨大贡献。

圆盘发动机　1831年，法拉第发现，当磁铁穿过一个闭合线路时，穿过闭合线路内部的磁通量发生变化，线路内就会有电流产生，这个效应叫"电磁感应"。他由此发明了世界上第一台能产生小电流的圆盘发电机。圆盘可视为无数根由圆心向外辐射分布的导线。圆盘在磁场中转动，相当于导线在做旋转切割磁力线的运动，从而产生感应电动势。若将圆盘中心与边缘连成回路，在回路中将产生感应电流。

音乐神童的成功路

19世纪著名音乐家肖邦在波兰被视为神童，1816年，他六岁的时候开始学习钢琴，七岁时便能作曲，八岁登台演出，不满二十岁就已出名。他的第一首作品B大调和G小调波兰舞曲创作于七岁，显露出不同寻常的即兴创作能力。但是，就是这样一个世人公认的神童，其实自身非常刻苦努力。

在肖邦三岁的时候，一天，肖邦家举办舞会。明亮的灯光下，许多孩子穿着漂亮，在钢琴的伴奏下翩翩起舞，娇嫩的小脸洋溢着快乐、幸福的笑容。他们围成一圈，跳得特别开心。只有一个小男孩儿没有跳舞，他睁着大大的眼睛，专心地看着自己的妈妈弹钢琴，胖胖的小手还在不自觉地模仿着妈妈的动作。这个小男孩儿就是肖邦。一曲结束以后，小孩子们纷纷散开，或者依偎在妈妈怀中，或者开心地吃着甜点，或者看着大人们跳舞。肖邦的妈妈弹完一曲后正在休息，她左右环顾，想找到肖邦。抬眼一望，肖邦竟然还在钢琴边上看着别人弹钢琴，专心而认真的样子特别可爱。肖邦的妈妈连忙走上去，问他想不想吃些东西，想不想早点儿休息，因为毕竟肖邦才三岁。肖邦摇摇头，依然专心地在看弹钢琴，眼睛都没有看妈妈一下。妈妈笑了，这个孩子就是喜欢音乐，出生后不久即使是在哭闹，一听到音乐声就立刻安静下来。妈妈只好走开，不再打扰肖邦。肖邦就一直出神地看着，听着……

舞会结束后，送走了宾客，肖邦的父母准备休息了。突然，楼下传来了一阵细微低沉、断断续续的琴声。虽然很不熟练、很不连贯，但是听上去很悦耳。肖邦的父母非常奇怪，是谁这么晚了又去弹钢琴呢？

他们来到楼下，发现竟然是三岁的肖邦：只见他专心地用小手一下一下敲击着键盘，试着在弹奏。肖邦的妈妈连忙跑过去，说："肖邦，怎么还不睡觉呢？天晚了。"肖邦连头都不抬，说："我要弹琴！我要弹琴！"父母看到肖邦如此热爱音乐，又如此有天分，既高兴又心疼。肖邦的爸爸说："肖邦，今天你先睡觉。明天，我

格言

　　才能不是天生的，可以任其自便的，而是要钻研艺术，请教良师，才会成才。

——歌　德

们给你请一位老师教你弹琴，好不好？"肖邦抬起头："老师？教我弹琴？好！好！"然后他又开心地弹了一会儿，才恋恋不舍地离开，最后还回头说："爸爸晚安！妈妈晚安！明天千万不要忘了请老师哟！"

第二天，肖邦的父母果真为肖邦请来了一位钢琴老师。这位钢琴老师非常喜欢极有天赋的肖邦，他一边教肖邦弹琴，一边给他讲授乐理知识。此外，他还经常给肖邦讲莫扎特、贝多芬等著名音乐家苦练成才的故事。

肖邦听得非常认真，他明白：即使是天才，如果没有勤奋，也会一事无成。他非常认真地练琴，每天除了吃饭、睡觉之外，几乎都在练琴。由于肖邦的年纪小，手也比较小，当他弹奏一些跨度较大的曲子时就有些困难。他自己想出了办法，每天晚上睡觉时在手指缝中间夹上木塞子，这样就可以让手指间的距离更大一些。为了让自己在睡觉时不会碰落木塞子，他就用软布条将木塞子绑好。开始的时候，他的手指间红肿、疼痛，甚至无法入睡，但是肖邦为了弹出美妙的乐曲，咬牙坚持了下来。

经过日复一日、年复一年的努力，肖邦终于成为了世界著名的钢琴家、作曲家。他一生创作了大量钢琴作品，如四部叙事曲、十余部波兰舞曲、二十六首钢琴前奏曲、二十七首钢琴练习曲、四部谐谑曲、三部钢琴奏鸣曲，至少三十二首夜曲，五十九首马祖卡，两首钢琴协奏曲以及幻想曲和大提琴奏鸣曲等。由于肖邦一生的创作大多是钢琴曲，因此被誉为"钢琴诗人"。

　　马祖卡　波兰的两种民间舞曲马祖卡和马祖列克（用马祖尔舞曲体裁写成的音乐作品）流传到法国后的通称。其自18世纪起逐渐流行于欧洲各国，并按法国的习惯统称为马祖卡。各国的宫廷舞会和舞剧编导们根据波兰马祖尔舞整理加工为舞会舞蹈和舞台形式，也都称为马祖卡。其音乐节拍为四分之三拍，以重拍落在第一或第二拍为特点。其舞蹈活泼、热烈，舞步以滑步，脚跟碰击，男的单腿跪、女的绕行以及双人旋转等动作为主。舞剧《莱蒙达》《天鹅湖》及歌剧《伊凡·苏萨宁》中都有马祖卡。肖邦曾以此音乐体裁写成多部名作流传于世。

莫泊桑拜师福楼拜

莫泊桑是 19 世纪后半期法国优秀的批判现实主义作家，与契诃夫和欧·亨利并称世界三大短篇小说巨匠，对后世产生了极大影响，被誉为"短篇小说之王"。在他的成长历程中，法国著名作家福楼拜给予了他很大的帮助。

普法战争结束后，年轻的莫泊桑进入教育部任职。但是，他依然没有放弃自己成为作家的梦想。在业余时间，他不仅阅读了大量的文学作品，而且坚持练习创作。但是他发现自己写的东西没有特色，连自己读起来都觉得很乏味，心里非常着急。他的舅父知道他的情况后，就带他到自己的好友、法国著名作家福楼拜家里拜师。

莫泊桑怀着忐忑的心情，跟着舅父去请福楼拜指导自己写作。福楼拜仔细地阅读了莫泊桑的作品，微笑着问莫泊桑："你自己觉得写得怎么样呢？"

莫泊桑苦恼地说："我读过很多书，写了很多作品，但是总是觉得自己写出来的东西平淡无奇，一点儿都不吸引人，为什么呢？""你虽然已经很努力了，但是你的功夫还不到家呀！"福楼

好学卷

拜看着厚厚的稿子，心里很喜欢这个年轻人，因此希望能好好指点他进步。

"功夫不到家？是我读得还不够多，写得还不够多吗？"莫泊桑很着急。

"不是，不是。这样吧！如果你希望进步，就照我说的去做。你站在你家门前，观察从门口经过的马车。不仅要仔细观察，还要把每天看到的情况都详详细细地记下来，而且要坚持。"

回到家里，莫泊桑听话地站在自己家门口，伸着脖子，目不转睛地看来来往往经过的马车，看得他头晕眼花。但是，他什么也没有看出来。不就是一辆辆马车吗，有什么可看的呢？他心里挺奇怪。但是，他觉得还是应该听老师的话。这样，他坚持看了整整一星期的马车，还是没有看出什么门道来，脖子倒是酸痛得很。他没有办

格言

世上真不知有多少能够成功立业的人，都因为把难得的时间轻轻放过而致默默无闻。

——莫泊桑

法，再度登门去找福楼拜。他对老师说："我听您的话，天天站在门口看马车。可是我什么也没发现呀！而且我也没有遇到特别的事情，能够让我写出与众不同的东西来！"

"没有特别的事情？怎么会呢？每时每刻都在发生特别的事情呀！富人家的马车和普通人的马车是一样的吗？着急赶路的马车和悠闲信步的马车是一样的吗？每一个赶车人的表情你看到了吗？透过车窗，你是否看到了坐车人的脸？甚至，从马车上走下来的人们的鞋子都可以告诉我们很多有趣的事情呢！我就是看上三年都看不完，你怎么看不到其中的奥妙呢？你看都看不见，又怎么能写出来呢？"福楼拜激动地讲着。莫泊桑眼前如同打开了一扇窗子，他看到了一个新的世界。他豁然开朗，立刻转身跑了出去。

从那一天起，莫泊桑天天站在家门口，仔仔细细地观察来来往往的马车。果然，他发现了很多以前没有注意到的东西。他把这些记录下来写成作品，再次去请福楼拜指导。

福楼拜非常认真地看了莫泊桑的作品，点点头说："不错，不错。你不仅能够仔细观察，还能够坚持下来。你看这几篇就是你连续观察的结果。"然后，他停下来，看了看莫泊桑开心的笑脸，语重心长地说："但是，观察仅仅是第一步。你要能够发现别人没有看到的东西，并要去挖掘为什么会出现这样的东西才行呀！"莫泊桑专心地听着，想着：观察，然后发现不一样的东西，挖掘背后的原因，用自己的眼睛去发现、用自己的头脑去思考、用自己手里的笔去写作，才能写出真正的作品。

莫泊桑牢牢地记住了老师的话，细致观察，勤于思考，笔耕不辍，一生创作短篇小说近三百篇。他的短篇小说构思别具匠心，情节变化多端，描写生动细致，刻画人情世态惟妙惟肖，读后令人回味无穷。

好学卷

《梅塘之夜》　　自1870年开始的普法战争是法国历史上的一起重大事件。法国边境上的七个军团二十五万人被普鲁士军队打得落花流水，临时组织的国防政府动员了地方保安队和民团，但仍挡不住敌方的四十万大军，被迫割让亚尔萨斯、洛林两省，并赔款五亿法郎。法国历史上的这一奇耻大辱，使得法国的一些爱国主义作家大为震惊和感慨。当时，一些作家聚集在左拉周围，结成了"梅塘集团"。这些作家是阿莱克西、塞阿、埃尼克、于斯曼和莫泊桑。他们气质相近，情趣相投，既有共同的爱国之心，又有相同的哲学倾向。1879年，以左拉为首的这六位作家在梅塘别墅举行了一次聚会，当时左拉提议每人写一篇以普法战争为背景的中短篇小说。不久，左拉写了《磨坊之围》，于斯曼写了《背上背包》，莫泊桑写了《羊脂球》，其余三人也各交一篇。这六篇小说于1880年交给沙邦节书店出版，题为《梅塘之夜》。该书出版后，莫泊桑的《羊脂球》立即受到文学批评家和读者的赞赏，被推为六篇之中最好的一篇，从此莫泊桑蜚声文坛，阔步走上文学创作的道路。

孵鸡蛋的爱迪生

爱迪生是举世闻名的美国电学家、科学家和发明家，被誉为"世界发明大王"。他拥有一千余项发明，其中包括对人类生活有极大影响的留声机、电影摄影机、钨丝灯泡等，为人类的文明和进步做出了巨大的贡献。他能取得如此辉煌的成就，是和自身的刻苦钻研、努力学习分不开的。

爱迪生从小就对很多事物感到好奇，总是喜欢问这问那。

"这是什么呀？"

"那是为什么呀？"

"为什么会这样呢？"

不仅如此，他还是一个爱动脑筋的孩子，喜欢亲自去试验一下，直到弄明白其中的道理为止。

在爱迪生五岁的时候，有一天，他看见家里的母鸡老待在鸡窝里不出来，就"哦嘘哦嘘"地叫着去赶它。可是母鸡歪着脑袋，眨了眨眼睛，一动也不动。

这是怎么回事？爱迪生把母鸡抱起来一看，呀！鸡窝里有好多个鸡蛋，数一数，有十几个呢。奇怪，难道母鸡今天下了那么多蛋吗？他连蹦带跳地跑去问妈妈。

"妈妈，妈妈，母鸡今天下了十几个蛋，这是怎么回事呀？"

"母鸡不是在下蛋，是怕蛋着凉。"妈妈把爱迪生搂在怀里说，"妈妈抱着你，你不就暖和多了吗？"

爱迪生更觉得奇怪了，瞪着眼睛问："妈妈，蛋也跟咱们人一样，会着凉吗？"

妈妈笑了起来，告诉爱迪生，母鸡是在孵蛋哩。母鸡用自己的身子遮盖在鸡蛋上，蛋就暖和了，蛋里面就会长出小鸡来，长出小嘴，长出小脚，长出羽毛……慢慢地，小鸡长大了，笃笃笃，啄破了蛋壳，叽叽叽，就从蛋壳里钻出来了。

爱迪生听了妈妈的话，就跑开了。爱迪生上哪儿去了？过了一个钟头，又过了一个钟头。半天，妈妈没看见爱迪生，心里有些着急。东找西找，啊！原来爱迪生跑到一个角落里，用柴草做了一个窝，里面放了许多鸡蛋，他学着母鸡的样子趴在鸡蛋上面正在孵蛋呢。他想，母鸡趴在鸡蛋上面会孵出小鸡来；我趴在鸡蛋上面，也准能孵出小鸡来。

妈妈看到爱迪生这股傻劲儿，直觉得好笑，一把将爱迪生拉了起来，说："走吧，傻孩子，你是孵不出小鸡来的。"

爱迪生嘟着嘴巴说："妈妈，母鸡能孵出小鸡来，我为什么孵不出来呢？"

爱迪生虽然没有孵出小鸡，但是他凭着一股强烈的好奇心，勤思考，善观察，重实践，为他长大之后的发明创造打下了深厚扎实的基础。他是有史以来最伟大的发明家，迄今为止，世界上没有一个人能打破他创造的发明专利数的世界纪录。

电灯　18世纪初，人们开始使用煤气灯（瓦斯灯），但是煤气靠管道供给，一旦漏气或堵塞就非常容易出事故，因此人们对于照明的改革要求十分迫切。事实上，爱迪生为自己制定了一个似乎不可能完成的任务：除了改良照明之外，还要创造一套供电系统。于是他和梦罗园的伙伴们，不眠不休地做了一千六百多次耐热材料和六百多种植物纤维的实验，才制造出了第一只碳丝灯泡，可以一次燃烧四十五个小时。后来他在此基础上不断改良制造的方法，终于推出可以点燃一千二百小时的钨丝灯泡。

格言

读书之于脑，犹运动之于身体。

——爱迪生

暴风雨中的海燕

很多人都熟悉苏联作家高尔基在散文诗《海燕》中的名言："让暴风雨来得更猛烈些吧！"其实，高尔基自己的人生就是与暴风雨搏斗的人生。苦难的童年没有让高尔基放弃学习，他就如同一只在暴风雨中搏击的海燕，与命运顽强搏斗，最终取得了胜利。

高尔基自幼失去了父亲，十岁的时候，他的母亲也去世了，外祖父经营的染坊濒临破产。高尔基没有办法再继续上学了，为了生活，他开始四处奔波流浪，做了各种各样的工作。但是，无论他做什么，都没有忘记自己要读书。

他在很多老板手下打过工。大多数老板都不喜欢高尔基读书。有的老板让干了一天活儿的高尔基在夜里哄孩子，高尔基就趁着微弱的月光，边照看孩子边读书。有的老板让高尔基睡在黑暗的仓库里，还不允许他点灯；高尔基就用罐头盒做了一盏小油灯，把老板蜡烛盘里残留的烛油收集起来放进盒子里，悄悄地在仓库里读书。无论条件多么艰苦，只要一拿起书本，高尔基就忘记了饥饿、寒冷与痛苦，忘记了人间的冷漠与残酷，幸福地沉浸在书本中。

有一段时间，高尔基在船上找到了一份洗碗的工作。每天从早晨忙到晚上，高尔基非常疲惫。但是，高尔基却非常喜欢这份工作，因为他以前从来没有在轮船上工作过，一切事情都让他感到非常新鲜；而且船上的人们对他非常好，让他觉得十分开心。最让他高兴的是，船上的厨师斯穆雷有一个小书箱。

斯穆雷虽然没有接受过正规的教育，但是他认识字，喜欢读书。他还是一个有心人，想尽各种办法收集了不少书籍，然后把自己精心收集的书籍装在一个小书箱中。本来，斯穆雷从来不肯把自己的书借给别人看，因为他珍爱自己的书，生怕被损坏了。但是有一天晚上，他来到甲板上，发现高尔基躺在那里借着月光读书，几乎读了整整一个晚上，都没有发现自己。他感觉到，高尔基和自己一样，是一个喜欢读书的人。从那个晚上以后，斯穆雷就经

格言

我扑在书上，就像饥饿的人扑在面包上。

——高尔基

常借书给高尔基看。

这个看起来不起眼的小书箱，对于高尔基而言就是一个装满宝物的聚宝盆。每天不管干活儿多么劳累，他都向斯穆雷借书看，遇到不懂的地方，就向斯穆雷虚心求教；看到精彩的地方，两个人一起哭，一起笑，一起分享。

有一次，高尔基读到一本很精彩的书，读了整整一个夜晚，直到天都亮了也没有读完。他心里十分想知道故事的结局到底怎样，就把这本书放在怀里，想白天如果有时间，一定找机会读完它。

时间似乎过得很慢、很慢，高尔基有忙不完的活儿，根本没有一点儿时间来读书。他心里特别焦急，但是也没有办法。直到晚上，船主还在召集开会，让高尔基去烧茶水。高尔基一边烧茶水，一边惦记着书中的情节，悄悄地掏出书来看。这本书写得非常精彩，高尔基一读起来就忘了一切，跟随着书里的主人公一起出生入死，连茶水烧得沸腾了都不知道。茶水越烧越开，最后都溢了出来。船主左等茶水不来，右等茶水不来，就着急地去找高尔基。结果发现高尔基只顾着看书，竟然忘记了自己正在烧茶水。船主气急了，拿起棍子狠狠地抽打着高尔基。高尔基没有挣扎，只是把书搂在怀里，生怕弄坏了。

当天晚上，斯穆雷来看高尔基，发现高尔基的背上满是伤痕，衣服都被打破了。但是高尔基依然趴在甲板上专心地看着书，好像什么都没有发生过。

艰苦的生活，让高尔基亲身体会了底层劳动人民的疾苦和艰辛。刻苦地学习，让高尔基读了很多名著，了解了欧洲古典文学、哲学、历史以及自然科学。高尔基一生创作了大量的文学作品，被列宁称为"无产阶级艺术最杰出的代表"。

　　高尔基自传体三部曲　　高尔基的自传体三部曲最初发表于1913年，既是作者童年至青年时期生平的自述，也是举世公认的艺术珍品，是作者根据自己的亲身生活经历，对俄罗斯19世纪末期的社会政治生活所描绘的一幅生动的历史画卷。作品的主人公阿廖沙的原型就是高尔基本人，这一形象既是作者早年生活的写照，也是俄国人民，特别是处于社会下层的劳动人民经过磨炼后走向新生活的典型。高尔基自传体三部曲的第一部《童年》描述了小主人公阿廖沙在父亲去世后，随母亲寄住在外祖父家度过的岁月。《在人间》是高尔基自传体小说三部曲的第二部，阿廖沙先后在鞋店、圣像作坊当过学徒，也在绘图师家、轮船上做过杂工，饱尝了人世间的痛苦。《我的大学》是高尔基自传体小说三部曲的最后一部，讲述了阿廖沙在天地广阔的社会大学里，经历了精神发展的复杂道路，经受住了多方面的生活考验，对人生的意义、世界的复杂性进行了最初的探索与思考。

211

好
学
卷

苦学造就"镭的母亲"

　　玛丽·居里出生在波兰，是世界著名科学家。她致力于研究放射性现象，发现了镭和钋这两种天然放射性元素，被世人称为"镭的母亲"。在研究镭的过程中，她和丈夫皮埃尔·居里用了三年零九个月，才从成吨的矿渣中提炼出零点一克的镭。这种执著的钻研精神，早在她的求学生涯中就体现出来了。

　　居里夫人原名玛丽亚·斯可罗多夫斯卡，于1867年出生在波兰华沙的一个知识分子家庭。她的父亲是物理学教授，母亲是有名的钢琴家。但是，在玛丽亚十岁那年，她的母亲去世了，父亲失去了教师职务，家庭陷入了贫苦，求学更为困难。但是，玛丽亚从小就热爱读书，极为专心。当她读书的时候，她什么都可以忘掉，眼里只有书本。

　　一天，玛丽亚在屋子里专心地读书，不知不觉，时间过了几个小时。她的姐姐和一个同学担心她过于沉浸在书本中，把身体弄坏了，所以希望她能休息一会儿。

　　姐姐给她送来一杯水，但是玛丽亚根本没有发现，那杯水从冒着热气直到变凉，玛丽亚都没有抬眼看一下。

姐姐又精心地烤了香喷喷的蛋糕，端到了玛丽亚面前，叮嘱她："玛丽亚，快点休息一会儿吧，吃一点儿蛋糕。"玛丽亚依然没有抬头，嘴里答应着，眼睛却没有看蛋糕。蛋糕的香气吸引了一只蜜蜂，从窗外嗡嗡地飞来。但是，玛丽亚仍然没有抬头，只是专心地一边翻着书，一边又写又画。

姐姐的同学灵机一动，轻声在姐姐耳边说了几句。过了一会儿，她们两个人在玛丽亚身边，一边唱歌，一边跳舞。欢乐的声音响彻了屋子，连屋外的人都探头进来，鼓起了掌。但是，玛丽亚丝毫不为所动，只是专心地看书。

姐姐和同学互相看了一眼，又躲在一边商量了起来。

一会儿，她们又轻手轻脚地走进屋里，在玛丽亚身后放了一张椅子。然后，她们躲在门后，大声地呼喊："玛丽亚！玛丽亚！"玛丽亚开始没有听见，依然沉浸在书本中。她们叫了几声以后，声音很大，玛丽亚才从书的世界里回过神来，转过身子，一下子碰倒了椅子。

格言

在成名的道路上，流的不是汗水而是鲜血，他们的名字不是用笔而是用生命写成的。

——居里夫人

玛丽亚这才明白，是姐姐她们在和她开玩笑。玛丽亚连忙解释道："这本书很珍贵，我只能借一天，所以一定要读完。"姐姐和同学这才明白玛丽亚为什么这样专心致志，于是不再打扰她，而是和玛丽亚一起认真地读起书来。

玛丽亚就是这样勤奋苦读，成绩一直名列前茅。二十四岁时，她来到巴黎大学理学院学习。由于家境贫寒，她只能租住在一间很小的屋子里。

在一个寒冷的晚上，玛丽亚从学院赶回自己的住处。夜色已深，天空中飘起了大雪，地上也积了厚厚的积雪。住所虽然租金便宜，但是距离学院很远。不时地，有马车从玛丽亚身边经过。但是，玛丽亚没有注意。这不仅是因为她没有多余的钱来租马车坐，还因为她心里一直惦记着刚刚做过的实验，有一个数据似乎有些问题，反复实验都没有得到预期的结果。到底是哪里出了问题呢？玛丽亚苦苦思考着。她深一脚、浅一脚地在雪地上走着，雪水已经浸透了她单薄的鞋子，袜子都被冻上了，她却毫无感觉。

匆匆地进了屋子，点上蜡烛，玛丽亚就拿出纸笔，反反复复地演算着。冷风从并不严实的窗子钻了进来，玛丽亚开始不断地搓着手，希望这样能暖一暖冻得僵硬的双手，但是似乎毫无作用。屋里越来越冷，玛丽亚把能穿上的衣服都穿上了，但是依然很冷。手冻得生疼，脚也冻得僵硬。没有炉火，没有热水，但是这些都没能让她烦恼。她早已经习惯了，她烦恼的是今天的实验出现了问题，没有办法解决。

这天夜晚，似乎特别寒冷。玛丽亚突然想起，自己的晚饭还没有吃，怪不得如此寒冷。望着窗外越来越大的雪，玛丽亚凑合着吃了一点儿东西，浮躁的心情渐渐平静下来，后来经过反复演算，终于发现了问题所在。

她开心地上床睡觉了。薄薄的被子，硬硬的床铺，玛丽亚和衣而睡，但是冻得怎么也睡不着。可玛丽亚的屋子里似乎没有能御寒的东西了。突然，她想到了什么，爬下床，拿起屋里唯一的一把椅子。她躺到床上，将椅子压在了被子上面。重重的椅子压在身上，似乎暖和了一些。她一边想着当天的实验，一边慢慢地睡着了。

就是这样不断地努力，居里夫人最终成为了世界著名科学家，一生共获得了十项奖金、十六种奖章、一百零七个名誉头衔。她两度荣获诺贝尔奖：第一次获得诺贝尔物理学奖，第二次获得诺贝尔化学奖。人们将她卓越的成就归功于她的坚韧不拔的钻研与不懈的努力，而她自己常常说："如果能随理想而生活，本着正直自由的精神，勇敢直前的毅力，诚实不自欺的思想而行，一定能到达至美至善的境地。"

知识链接

镭　居里夫妇（皮埃尔·居里和玛丽·居里）发现的一种化学元素，化学符号 Ra，原子序数 88，原子量 226.0254，为碱土金属的成员和天然放射性元素。1898 年，玛丽·居里和皮埃尔·居里从沥青铀矿提取铀后的矿渣中分离出溴化镭，1910 年又用电解氯化镭的方法制得了金属镭。镭存在于所有的铀矿中，每二点八吨铀矿中含一克镭。镭放出的射线能破坏、杀死细胞和细菌，因此常用来治疗癌症等。此外，镭盐与铍粉的混合制剂可做中子放射源，用来探测石油资源、岩石组成等。

图书在版编目（ＣＩＰ）数据

美德照亮人生. 好学卷 / 韩震主编. — 石家庄：
河北少年儿童出版社，2012.9（2014.5重印）
ISBN 978-7-5376-5104-2

Ⅰ. ①美… Ⅱ. ①韩… Ⅲ. ①品德教育－中国－青年
读物②品德教育－中国－少年读物 Ⅳ. ①D432.62

中国版本图书馆CIP数据核字(2012)第173884号

书　　名	**美德照亮人生·好学卷**	
主　　编	韩　震	
本卷执笔	石　峰　付　平	
选题策划	温廷华　董素山	
责任编辑	邢　薇　潘　雁	
美术编辑	魏　洁	
装帧设计	刘玮婕	
内文插图	贾　斌　李晓霞　王鹤锦	
出版发行	河北少年儿童出版社有限责任公司	
	石家庄市中华南大街172号　　邮编：050051	
网　　址	www.hebcph.com	
印　　刷	河北新华第一印刷有限责任公司	
版　　次	2012年9月第1版	
印　　次	2014年5月第2次印刷	
开　　本	787mm×1092mm　1/16	
印　　张	14.5	
书　　号	ISBN 978-7-5376-5104-2	
定　　价	29.00元	